魂の会社再建

ドキュメント 再建弁護士の会社救済ファイル 2

光麗法律事務所代表
村松謙一

東洋経済新報社

天国からのメッセージ

本書は、全国４２０万社の中小企業経営者と、
そのご家族・従業員の方々、
金融機関の方々に読んでいただきたい。
そして、もう一度、
みんなで『生きている意味』を考えてほしい。

絶望からの生還

——弁護士・村松謙一の流儀

「101、102、103……」

病院の一室に静かに響き続ける声。

ベッドに横たわる心肺停止状態の患者。その胸に手をあて、医師が心臓マッサージをしている。

悲痛な面持ちで医師の手元を見つめる患者の家族。

患者につけられた心電図のモニターは、「ツツツー」と横一線の線を描いたまま動かない。

「201、202、203……」

医師は額に汗してなおも心臓マッサージを続ける。心電図のモニターは相変わらず動かない。

「もう十分です。止めてください」。たまらず、患者の家族は医師に告げた。

「301、302、303……」

しかし、医師は何かにとりつかれたように、心臓マッサージの手を止めようとしない。

医師は後悔をしたくなかった。

もし、この心臓マッサージを止めたら、目の前のこの患者は永久に助からない。死は確定だ。

しかし、万に一つもあり得ないことかもしれないが、もしも、「あと1回」のマッサージをして患者の心臓が動き出したとしたら、患者は生き還るかもしれない。その可能性は残されている。

この303回目と304回目のたった1回の違いで……。


私は時々こんな夢を見て、うなされ、脂汗をかいて跳び起きることがある。

弁護士になって30年近い月日が流れた。その間、主として経営破綻した会社を再生する現場に身を置き、幸い100社以上の会社を蘇らせることができた、しかし、そこでは経営者の自死を初め、家族の崩壊といった本当に痛ましいできごとを数多く目にしてきた。

会社再建をやっていると時折、金融機関から問われることがある。

「なぜ、先生は、心肺停止状態の会社にそこまでのめり込むのか。どうせ助かりっこないのに」

しかし、もしかしたら「あと1回」の心臓マッサージで助かるかもしれない。「奇跡」が起こるかもしれない。

だからこそ、私の苦く、辛い過去の体験が、私に「あと1回」の心臓マッサージをさせる。

99・99％の絶望の中でも、0・01％の希望に賭けてみたいのである。

そのとき、もっと生きたくても生きられなかった娘や経営者、先輩・後輩弁護士たちの声なき声が聞こえ、私を後押ししてくれる。

「ここで終わっていいのか、こんなところであきらめていいのか。もう1回やってみたら。お父さんなら、君なら、先生ならきっとできるよ」……と。

万策が尽き、倒産状態にあるような瀕死の会社を指して、「ゾンビ企業」などと揶揄する言葉がある。イヤな響きの言葉だ。しかも、学識経験者らは、ゾンビ企業は救済に値しないと言う。

そうだろうか。

私は、ゾンビ企業も生き返らせようと思う。否、生き返らせたい。

なぜなら、私の企業救済は「人間の救済」「生への救済」を目的とし、「事業再生」はその副次的結果に過ぎないからだ。あくまで人間の心の救済を成し遂げたい。世間からゾンビ企業と評されようと、そこには人間たちが生きている。

あるゾンビ企業がある。私が関与して10年が経ち、いまだゾンビの域を出ないが、いまでもかろうじて生きている。しかし、小学校6年生だったその従業員の子どもは今春、無事大学を卒業し、かけがえのない青春時代を過ごせた。ゾンビ企業を生かしてきた意味がそこにある。

私の娘の分まで、学生諸君には人生を全うしてほしい。

誰しも平穏に生き抜く権利を有している。だからこそ、企業を救済する意味がある。膿は私が吸い取るから。

どうして、そんな再建事件でそこまで自分を追い込むのか、と問われることもある。

私の答えはいつも決まっている。

企業救済は海難救命のようなもの。海に溺れし者を救済するのに、何の理由も、ましてや大義名分など必要ない。

あきらめたらそこで終わり。そこにあるのは己の信念と使命感、大きな情と少しの努力があるのみ。それが私の流儀である。

本書は、日本最大の調査機関として企業信用情報などを発信し続ける、株式会社帝国データバンク発行の「日刊　帝国ニュース」に、２００５年から２００９年にかけて掲載された拙稿「熱血弁護士が駆ける！」のうちの12編に、加筆修正をしてまとめたものである。

会社経営者だけでなく、人生に絶望している方々、不安の毎日を過ごしている方々にこそ、手にとって、生まれてきた意味、そして生きていることの意義を感じ取っていただきたい「天国からのメッセージ」である。

魂の会社再建
ドキュメント・再建弁護士の会社救済ファイル[2]・目次

第Ⅱ部　不合理な反対

カバーデザイン／竹内雄二
写真撮影／ピクチャーコレクション（熊倉徳志）
編集協力／ビーサイド（二宮 護）

第 I 部

天国からのプレゼント

――敗者復活――

敗者復活

巷では、〝事業再生〟という言葉が華やかに鳴り響いている。

しかし、私の仕事の流儀は、〝事業再生〟でなく、〝会社の再建〟である。事業再生では、旅館事業、運輸事業、食品販売事業等、「事業そのもの」の再生にこそ重きを置き、人たる経営者たちの存在はその限りで軽んじられることになる。

当該会社の事業を興した創業者たちの血と汗と涙の苦労があって、その会社の基礎が、根っこが、築かれたのではないか。


たしかに、現在はその経営判断の誤り等で、その会社は存亡の危機に晒されてはいるが、中小零細企業はその創業者一族の起業精神に導かれて、いまの会社ができ上がっている。

私は、泥臭いかもしれないが、その色がついて、赤い血の流れる経営者という一人の人間が経営してきたその会社の歴史そのものを、窮地から救いたいと思っている。

たった1回の誤りだけで、いまの経営者その人に「無能」との烙印を押すのは早計だし危険だ。人間の判定なんて、そんな簡単にできるものでもない。

失敗の後になす〝行動〟こそ、評価対象とされなければならない。『敗者復活』を認めないゆがんだ競争社会には、断固異論を唱えたい。

私は、金融機関の「退任コール」の意に反し、経営者を続投させ、その経営者の真摯な反省と学習で、経営の危機の崖っぷちから不死鳥のように立ち上がってきた会社をいくつも知っている。

だからこそ、彼らのもう一度の頑張りと底力を信じたいし、チャンスを与えたい。

経営者は孤独である。貸し手の金融機関から激しく責められたら、反論などできはしない。そんな孤独な経営者のそばに寄り添い、少しの勇気と少しの知恵をつけ、再び生きることへの希望の灯を共にともしてみたい。

それが、弱者救済を掲げる、われわれ弁護士の「使命」であり「正義」ではないか。

私自身も、再建の仕事ができなかった時期があった。

そんなとき、そんな経営者に寄り添われて、再び前に一歩踏み出せたのだから。

会社救済ファイル1

K社長が命に代えて守りたかったもの

――老舗ビジネスホテルを再生に導いた天国からのメッセージ

この事件は、起こってはならないできごとだった。

そして、本再生案件に関与した一人の弁護士として、起こってはならないできごとが起こってしまったという現実を、企業経営に苦しみ、金融機関への返済に悩んでいる企業経営者や、債権回収に身を置く方々への問題提起として書き留め、記録しておかねばならないと思った。

ここに記された事実を目にした読者の方々の意見は百人百様だろう。そのことは百も承知のうえで、弁護士であると同時に人の親として、私はこの事実を書き残すものである。

K社長との出会い

K社長は、九州の某県で、90室を擁する老舗のビジネスホテルA社を経営していた。

彼との出会いは1995年のこと。彼の地元の商工会議所主催の企業再建セミナーに私が講師として招かれて講演したとき、最前列で熱心にメモを取っていた受講者が、当時47歳のKさんだった。

東京に戻った私にお礼の手紙をいただき、相談したいことがあると、わざわざ九州から私の事務所にやってこられてお付き合いが始まった。

当時、K社長から聞いたA社の状況は、次のようなものだった。

A社の債権者たる金融機関の顔ぶれは、「大手都市銀行」「大手生保系リース会社」「地元信用組合」の3社であり、その当時は、悪質な消費者金融や暴力金融がいるわけでもなく、きわめてスマートな債権者構成。ただ、売上が3億円前後であったのに比べ、借入額が倍の6億円近くあり、明らかに過剰債務であった。

また、K社長の人柄の良さから、これら金融機関への毎月の約定返済を、苦しいながらも忠実に守っていた。しかし、自らの収益（キャッシュフロー）を超える返済を続けていたことから、その不足額のシワ寄せは、自ずと取引先である地元の酒屋やクリーニング店、駐車場の賃料、社会保険料等の支払資金不足に行きつき、この支払遅延等の『未払金』が毎月毎月増加していくという、まさに信用不安倒産への悪しき道を突っ走っているようなもの。

次月には、従業員の給料に手をつけないと、いよいよ金融機関への約定返済額がつくれないところまできていた。

なぜ、そこまで金融機関の返済を忠実に守らねばならないのか。K社長も他の一般の中小企業の経営者と同様に、あくまで約定で決められた金融機関への返済履行ありきという考え方。

仕入先への支払いや社会保険料や固定資産税の支払いを止めてでも、金融機関への返済額を用意するという、「金融機関第一主義」に洗脳されていた。それほど金融機関が怖かったのだ。

私はK社長に言った。

「私がこれから話すことは、最初は理解できないかもしれませんが、よく聞いてください。単刀直入に言います。K社長の行っている返済の順序は間違っています。

そもそも『ホテル事業』とはなんですか。取引先から食材が仕入れられ、客室クリーニング等のリネンサプライができ、従業員らが給料をもらって気持ちよく働けて、初めて会社という生きものは機能するのです。とくに貴社のようなホテル事業、すなわち装置型産業のサービス業であれば、提供するサービスに対してお客さんが満足してくれるから、お金をもらえるのです。提供するサービスの質を高めるために使う、ホテルの再設備投資費用をおろそかにしては、泊まっていただくお客さんに失礼です。

会社とは、決して無機質な物体でなく、信用と人の気力で成り立っているのです。これらの利害関係人らが、会社は危ないぞ、倒産しそうだ、という不安を感じたら、仕入先は仕入れさせてくれません。お客さんも泊まってくれません。エージェントもお客さんを送り込んでくれません。そうなったら、もう仕入れもできないし、従業員はいつ辞めようかと考え、満足な仕事もできない。そんな状態では会社の目的たる満足のいくサービスなんてできないから、ますますお客さんは遠のいていくという、倒産への悪しきスパイラルに陥っていきます。

私はそんな会社をイヤというほどたくさん見てきました。いわゆる『信用不安倒産』といわれる構図です。Kさんだけでなく、中小企業の社長さんたちの多くは、悪しきスパイラルに陥っています。そんなに金融機関が怖いですか。金融機関は決してヤクザや鬼なんかではありませんよ。いまの約定弁済を続けることは、かえって会社の他の箇所にひずみを生じさせます。これでは、ますます会社の信用が失墜するという事情を『正直』に説明して、金融機関にも、どうしたら会社がよくなるかを一緒に考えてもらうことです」

「先生。そんなことを金融機関に言って、大丈夫でしょうか。そんなことをしたら、会社が潰れてしまいませんか？」

「社長の不安は、お金を借りられないと会社は潰れると思っているからでしょう。大丈夫です。私はこれまでに100社以上の会社の再建をしてきていますが、皆、初めの一歩は会社の苦しい実情を『正直』に説明し、その理解を求めることから始まっています。

会社再建という特別の現場では、金融機関も運命共同体とすることです。金融機関は経験も情報量も豊富ですから、きっと力になってくれますよ。安心してください。私が一緒に金融機関を回って、会社の再建計画を説明してあげますから。

それと、お金を借りられなくても、『出るを制す』です。つまり、不足額が生じないようにすれば、その補填としての借入は必要ありませんよ」

「不足額が生じないようにする？」

K社長には「？」と聞こえたようである。

「企業再建の極意は、『入るを量りて、出るを制す』のひと言に尽きます。しかし、売上を上げるということは、お客さんの経済状態もあり、他力本願的で、いまの不況真っ只中にあっては、達成は困難でしょう。しかし、『出るを制す』という経費の節約は、社長の判断次第で明日からでもできるのです」

こうして私は、K社長の経営する「ビジネスホテル」の再建のため、九州の某地方へ通うこととなった。空港から車で2時間近くの山道を抜けても、なかなか町が見えてこない。少々不安になったころ、ようやく私はその町にたどり着いた。初めて訪れたその地に、「ずいぶんと遠くに来たものだなあ」というのが素直な感想であった。

金融機関説明会

再建のためのいつもの『七つ道具』を鞄に携えて、金融機関説明会をその町のホテルの会議室で開催した。

「K社長は、金融機関の皆様への返済の約束を守ろうとするあまり、取引先への支払いを後回しにして、その未払先が10社近くにもなってしまった。この地元の未払先業者や社会保険料等の税金の滞納をこのまま放置しておくことは、会社の信用不安を放っておくことと等しく、近い将来、致命傷になりかねない。

金融機関側としても、近々に信用不安が広まり、資金繰りが行き詰まり、会社が潰れてしまうことは、歓迎しないことでしょう。そこで、この未払問題を解決するために、まずは金融機関への返済を一時停止して、会社の資金繰りを未払先への優先弁済に切り換えます。いわゆる『バンドエイド効果』と信用不安拡大の回避のためです」

案の定、私のお願いした向こう1年間の借入金の返済停止（残高維持）要請を受け入れてくれることに、そう時間はかからなかった。

その後のおよそ3年間をかけて、未払先関係（仕入業者、リネンサプライ業者、ガソリンスタンド、ホテル駐車場の貸主、社会保険料・固定資産税等の税金関係）を優先して支払うことで、いつの間にかK社の信用不安の噂は立ち消えていた。併せて、金融機関とは『リ・スケジュール』により、会社の収益力にあわせて1年ごとに弁済方法を見直す方式で、各債権者の債権額で按分比例した（プロラタ）方式で会社の収益を按分弁済していった。

この時点では、経済が右肩上がりの兆しも見え、あえて債権カットをしなくても、単純な約定変更の見直し（リ・スケ）で十分と判断。金融機関には25年ほどかけてその借入額の全額を返済していく計画であり、債権放棄の要請はしていなかったことから、円満に交渉を終了した。

その後、4か月に1回ほど、私もA社を訪れ、金融機関団に『月次決算報告』をしていた。

3年経過し、未払先も解消され、金融機関も各金融機関の按分比例による平等弁済が続けられていることもわかった。

そこで、K社長が毎月、行っていた月次決算報告書等の資料持参の説明回りに、「社長の誠意は十分にわかっていますから、これからは四半期ごとでも構わないし、郵送で十分ですよ」とアドバイスをした。銀行もA社への融資金の回収について、関心は次第に薄れていった。

言い方を換えれば、一方で信用不安が解消されたことで、安定した取引ができるようになり、懸案事項であった金融機関への返済についても、返済方法をルール化し、毎月の返済額において、決して会社にとってムリのない返済額とすることで、金融機関側も私も、その決められた返済履行を安心して見ていられる返済条件に緩和された。資金不足でいつ倒れてもおかしくないA社の再生は、資金の安定化の中、いちおう達成したことになった。

以後は、A社の営業報告が年に数回、送られてくるまでに回復。この間、すぐにどうにかしなければという緊迫した相談もなく、「お蔭さまで、会社はいい感じで進んでいます。たまにはご家族で九州に遊びに来てくださいよ」というきわめて穏やかな内容の連絡がたまにある程度だった。

私も本件の仕事は終わった、そんな感じでいた。

再会の約束

2005年8月。お盆休み明けの朝早く、久しぶりにK社長から電話があった。

「先生。お久しぶりです」

「久しぶりですね。九州も暑いでしょう。会社はどう？　その後も順調にいってますか」

「売上はそこそこいっているのですが、例の大手都銀が、どうしても金利を4％台に上げてくれ、毎月の返済額も増額してくれと言ってきました。それと、保証人の件ですが、私の息子（次男）を保証人にしてくれと、急に厳しい要求をしてきたのです。どうしても8月中に決めないと、1年ごとの返済条件の見直しをやめて、全額の返済を要求するというのです。この件で先生のところにご相談に行きたいのですが、ご都合はいかがですか？」

「あの大手都銀がそんなことを言っているのですか。体のいい『貸し剥がし』じゃないですか。私が昨年の春に九州に行ったときは、穏やかな話で協力・支援してくれると言って、きわめて友好的だったじゃないですか。わかりました。その大手都銀には私が説明してあげますよ」

「それが、そのときの人柄の良い副支店長は東京の本部に戻ってしまい、銀行の方針がかなり厳しい方向に変わってしまったのです」

「わかりました。私もしばらく本件から離れていて、御社の経営内容を正確に把握していないので、最近の資料を持って、一度事務所で打合せをしてから、九州に行きましょう。九州からでしたら、午後の時間がいいですね。8月23日午後3時はいかがでしょうか？」

「久々に先生の声を聞いて、少し安心しました。8月23日に必ず伺いますので、宜しくお願いします」

私は、K社長との面談日を弁護士手帳に書きとめていた。私自身も、昨年、大手都銀に伺ったときには、なかなか人間味のある副支店長が応対してくれたことで、油断していたのかもしれない。事態が相当に深刻に進んでいたとは、このとき知る由もなかった。

社長の息子からの電話

2005年8月22日、月曜日。私の事務所。

「先生。九州のA社から電話です」

「K社長から？」

「それが、息子さんだそうです」

A社の件で、息子さんからの電話は初めてだ。どうしたのだろう。イヤな予感がした。

「弁護士の村松です。どうかされましたか？」

「先生……。父が……。父が昨日、亡くなりました」

私は声が出なかった。


K社長が私の事務所に来ることになっていたのは翌日だ。手帳を確認したが、間違いない。そして、年齢もまだ57歳。病気（ガン）ということは聞かされていなかった。突然の死の知らせに、わが耳を疑った。もしかして、「自殺」……。この2文字が私の頭をよぎった。

「えっ！　まさか、自殺ですか……」

「はい。大手都銀にいきなり呼び出され、条件変更の書換えに行った帰り、ずっと帰ってこなかったので、あちこち捜したら、翌日、兄の墓のあるお寺の境内に停まっている車が見つかりました。見つけたときには、父は、車の中で息を引き取っていたそうです……」

私は絶句した。

「そんな……。お父さんとは、明日、私の事務所でその大手都銀の返済対策の打合せをして、9月の初めに私と一緒にその銀行へ行く予定にしていたんですよ」

「……。先生！　父は『遺書』を残していました。私たち子ども3人宛、母親宛、それに先生宛にも。ホテル事業は子どもたちが引き継いで、立派に再建してほしい。生命保険金が下りるから、それで借金を返してほしい。しかし、それでもまだ数億円の借金が残るから、村松先生に相談してほしいとのことでした。

『先生には、とても感謝している』と書いてありました。先生宛のものもありますから、後でFAXでお送りします」

そう言って、息子さんは泣き崩れた。

「生命保険金って？　お父さんは、生命保険に入っていたのですか？」

「はい。私たちも誰も知らなかったのですが、この3〜4年ほどで数社の多額の生命保険に入っていたそうです」

しまった！　そんなことは私も聞いていなかった。私と銀行回りをしていた数年前までは、ごく普通の生命保険に入っていたくらいだった。もしかしたら、これは覚悟の自殺だ。

大手都銀の担当者の不用意なひと言が、K社長を死に向かわせる引き金となったのだろうか？　そのときの私には、遺書が送られてくるのを待つしかなかった。

遺書から伝わる家族への想い

届いた遺書には、大手都銀から、息子さんを新たに連帯保証人に追加しなければ書換え（支払期限の延長）には応じられないとされたこと。しかも、ただでさえ苦しい返済の中、さらに毎月の返済額を増加させられそうになったこと。そのためには、毎月の生命保険の掛金の支払いを止めて、大手都銀への返済を増額するよう言われたこと。そして、金利もこれからは「リスクプレミアム」として２％近く増額され、４・５％となること、等への不安と失望・恐怖感が綿々と書き綴られていた。

K社長が数年前から誰にも内緒で、複数の高額な生命保険に加入したという事実は、何を意味するのか。私の推測にすぎないが、K社長はこんなふうに考えたのではないだろうか。

万一、自分の身に何か起きたら、いまだ借金の残る会社は、その借金の重さで潰れてしまうかもしれない。そうなったら、残された家族や従業員がかわいそうだ。そこで、少しでも借金を減らすように、生保加入当時50代前半と若い自分の身に多額の生命保険をかけておけば、万一、自分が死んだときに生命保険金がおりる。全部の借金までとはいわないが、それでもいくばくかの借金は減らすことができ、他人に迷惑をかけたせめてもの償いになるだろう。

生真面目で愚直なK社長は、家族・社員らへの切実なる思いを込め、そして、銀行への返済だけは最後までできる限りのことはしたいという誠実性から、これら多額の生命保険に加入したのではないだろうか。もちろん、この時点では、自ら死ぬつもりはなかっただろう。

これだけの思いを込めて加入したこの生命保険に対し、大手都銀は、解約して毎月の保険掛金相当分を銀行返済のほうに回せと言い放った。

それだけではない。K社長の一番守りたかったものは、『家族』であった。借金が減らせなくなると同時に、自分の家族、とくに息子を多額の借入金の保証人にしろと執拗に要請された。K社長が一番守りたかった息子たちを、また自分と同じ借金の苦しみの世界に引きずり込むことになる。その苦悩に耐えられなかったのではないか。

しかし、大手都銀は、容赦なくK社長に決断を迫ってくる。大手都銀側にとっては何気ない言葉が、K社長の耳には死刑宣告のように聞こえてきたのではないか。K社長は、自分がこの世界から消えてしまえば、決断を迫られることも、回答を述べることもなくなり、生命保険金の解約も、息子を連帯保証人にすることもせずにすむ。決断を迫られることもなくなる。あのときは子どもを守れなかった。だから、今度こそは子どもたちを守ろう。そう考えて、親としてこの世から消えることを考えたのではないだろうか。

そして、K社長には、さらに特別な願いがあったのだと思う。

決断を後押しした〝もう一つの願い〟

K社長に決断させたもう一つの理由。これは私にしかわからないだろう。彼は、天国にいるもう一人の息子（長男）に会いたかったのだ。会いたくて、会いたくて、仕方ないときだったのだ。すべてが自分を追いつめ、逃げ場のない暗闇の中で、天国の息子のことを思い浮かべたのかもしれない。

K社長は、『長男が天国でどうしているだろうか。小学校1年生の君は、さみしくはないだろうか、つらくはしていないだろうか。もう一度、長男に会いたい』という思いを、26年の間、ずっと胸に秘めていた。

否、K社長にしてみれば、心の時間は止まっていたから、26年前ではなく、いつでも昨日のことのように、小学校1年生になったばかりの長男との最後の会話、その笑顔等の思い出を温めていたのであろう。

それは27年前の**1979年6月**のこと。九州地方の梅雨は大雨を降らせ、山や川を泣かせていた。

そんな雨の日、小学校に入学したばかりの長男は、体が隠れるほどの大きな黒いランドセルを背負い、傘をさしての小学校の帰り道、友達と別れ、一人で田んぼのあぜ道を歩いていた。

そして雨の降りしきる中、足をすべらせて、用水路に吸い込まれてしまった。

いつもなら帰ってくる時刻、子どもの姿がない。それでも待ち続けた。しかし、帰ってこない。不安が襲った。雨の道を捜して回った。さしていた傘だけが、道端に転がっていた。

そのときからK社長も奥様も、自責の念に押しつぶされ、地獄の底で時間が止まってしまった。私には、その気持ちがよくわかる。

そして時は流れ、次男以下3人の子どもたちは皆、親の手を離れて社会人となっていた。天国にいる長男だけが、いまでも小学校1年生のまま。一人でさみしい思いをさせているから、そろそろお父さんがそっちへ行ってやらねば、そう考えたのは私には痛いほどよくわかる。私自身も16歳の娘を病院のミスで亡くした。子どもに先立たれた身の上は、K社長とまったく同じであり、同じ気持ちでこの世界を生きてきたからだ。

この世界に生きることは本当につらく、息をすることすら苦しいときもあったが、残された家族のことを考えると、それでももう少し生きていかねばならない、否、前を歩く娘に生かされてきたと言っても過言ではない。

K社長は、その晩、息子の眠る墓石の前に車を停めていた。車の中で静かに息を引き取った。きっと、車中で「お父さんもいまから行くからな」と、言葉を発していたのだろう。

そしていまは、息子さんと再会し、息子さんの魂に導かれ、安らかに親子でのひと時を過ごしているのだろう。この27年間の空白を埋めるかのように。

それは、一般的な自殺に見られるような、この世のつらさ、苦しさから解放されるという、何かから逃れるような後ろ向きの気持ちではなく、むしろ天国の息子に会いにいける、そして、息子と久しぶりに会話ができる、久しぶりに手をつないで歩ける、そんな温かな気持ちと、父親としての責任感を抱いて旅立っていったのだと、私は確信している。

なぜなら、K社長の遺書の中には「先生！　天国に行ったら、先生の娘さんを捜します。見つけたら、先生にFAXを流します」と書かれていたからだ。

天国からのメッセージ

そして、天国から連絡が来た。

もちろん、直接天国から連絡が来るわけがないが、以下の『事実』を私なりに解釈して、K社長が天国で私の娘に会ったんだ、私はそう受け取っている。

K社長と打合せを予定していた8月23日から10日ほど経過した9月の初め、私の所属する東京弁護士会から私の事務所にFAXが入った。

私の事務所で、その年から初めて、弁護修習の担当指導弁護士として、司法修習生を受け入れることとしたためだ。「修習生の履歴書を添付するので、10月からの3か月間、よろしく頼みます」という内容であった。

添付されていたその修習生の履歴書を見て、驚いた。

私の事務所に割り当てられた修習生が、まず女性であった。1400人の修習生のうち、女性の修習生は20％ほどの300人前後と聞いている。ただ、女性の司法修習生が来る、そこまではよくある話である。問題はその次であった。

その女性の修習生の出身高校を見て、わが目を疑った。天国にいる娘の在籍していた、神奈川県のフェリス女学院であったからだ。１４００人の第59期の司法修習生の中に、フェリス女学院出身者はわずか３人もいないはずだ。

私の事務所が初めて受け入れた司法修習生が、わが娘と同じ高校の出身者であるという不思議。しかも、K社長が天国に旅立ち、娘を捜してくれると言って、わずか10日前後しての知らせである。これは、何たることか。この偶然は、とても重たい偶然である。いや、何か意味のあるできごとなのだ。

私は思わず天国を見上げ、K社長に、「K社長。息子さんに会えたのですね。そして、私の娘も見つけてくれたのですね。娘は元気でしたか。さびしくはしていませんでしたか。心安らかでいましたか」と尋ねた。

K社長から私へのこのメッセージのことを伝えたくて、私はすぐに九州に飛んだ。

以上の不思議なできごとを、悲痛な思いで憔悴しきっていたK社長の奥さんに話をした。奥さんは目を見開いて、大粒の涙を流しながら、じっと私のこの不思議なできごとを聞いていた。子どもたちも一緒であった。

私の話を聞き終わると、「それでは、夫は天国で息子に会えたのですね。夫は天国で生きているのですね。ああ、よかった……」、それだけ言って、奥さんは泣き崩れた。

もちろん、物理的、科学的な話をするつもりはない。魂の存在を信ずるか否かも人それぞれだろう。人の心の中に少しでも平穏を見出すために、あるできごとをどのようにとらえるかは、その人の心の問題だからだ。

しかし、このできごとは、私にも、そして、私を通じて、悲愴感で床に伏している奥さんや子どもたちにも、K社長自身が天国から「お父さんは大丈夫だから、安心しなさい。兄弟仲良く、懸命に生きてほしい。先生、ホテルのこと、家族のこと、よろしくお願いします」、そう伝えようとした、天国からのメッセージではなかったろうか。

銀行への抗議の電話

私は、K社長の遺書を見た段階で、ただちに件の大手都銀に電話していた。電話に出た大手都銀の担当者には、こんなふうに伝えた。

「K社長が亡くなられたことは、すでに聞いていますよね。死因は心不全ということですが、違います。自殺ですよ。遺書が私の手元にあります。あなた方のこともしっかり書き残されています。あなた方は、K社長を袋小路にまで追い込んだんですよ。金利の引上げ、返済条件の見直し期間を早める、連帯保証人に新たに息子さんを追加させようとした、生命保険契約の解約を迫った、そんなこと等が克明に書かれています。

たしかにあなた方にとっては、どこにでもある通常の回収業務の一環にすぎないのでしょうが、一方の当事者たるK社長の心をズタズタに切り裂いたんですよ。回収行為に行き過ぎがなかったかどうか、私のほうで調査する予定です。

それとは別に、K社長の死亡によって、A社の経営者が不在の状態です。いまのところ、経営危機に陥っていたA社がようやく立ち直りかけた矢先のできごとで、求心力のなくなったA社は本当にどうなるかわかりません。とにかく、私がこの件を引き受けますから、A社は再建なのか破産なのか、資料や関係先と面接して決めていきます。その間の資金繰りのため、8月末日支払いは一時停止します。

それと、これは最も人間として大事なことですが、K社長が亡くなられて、まだ1週間も経っていません。残されたご遺族の方々はいま、悲しみと自責の念と不安の闇の中という大変な状況下にいます。精神的にも肉体的にも、とても耐えられない状況です。

ですから、ご遺族の方々に電話1本、してはなりません。いま、8月末日の借入金の返済をどうするのかなんていう、そんな金の問題は後回しです。優先すべきは、人の命です。あなた方からの1本の電話が、残された奥さんや子どもたちにさらなる不安を増大させ、二次被害を起こしかねないからです。

あなた方も人の親や家族をもつ身ならば、慎重な対応をしなければならないことはわかりますよね。来週には、私が時間をつくって、九州に行きます。それまでの間の連絡は、私の事務所にしてください。

繰り返しますが、くれぐれも会社やご遺族に電話1本しないでください」

私は興奮して、いっきにまくし立てた。

思い出したK社長の夢

2005年9月2日。私は、九州の某空港に降り立っていた。K社長に死を決意させるまでに追いつめた大手都銀に出向くためだ。

出迎えには、K社長の息子さん（次男）が来てくれていた。彼とは先日の電話で話しただけで、初めての対面だった。まだ28歳と若いが、真面目な対応、その仕草は、亡くなられたお父さんとそっくりだった。

時は**2000年3月**にさかのぼる。K社長もいつもこの空港で待っていてくれて、町までの約2時間の長い道のりのため、車で出迎えてくれていた。その車中で、こんな話もしている。

「先生。お蔭さまで、銀行との協議も整ってきて、毎月の返済がうんとラクになりました。心配だった未払いの業者さんたちへの精算や社会保険料の未払いも、あと3か月くらいで終わります。これも先生のお蔭です。ありがとうございました。

ところで、ホテルのお客さんの中に、市内でレストランをやっている方がいて、この秋に店を閉めるから、店の建物を譲ってくれると言うのです。ログハウス造りのしゃれた店です。解体撤去や運搬はこちら持ちという条件です。移築費用は200万円くらいです。移築場所はホテルから少し離れていますが、私個人名義の土地が600坪ほど空地になっていますから、そこに持ってきて、焼肉ハウスをやろうと思っています。ただし、大手都銀に担保に入ってはいますが、銀行に対しては何か問題ありませんかね。

幸い、ホテルのほうも業績が順調で、屋上のビアホールも、先生に言われたとおり、温室のビニールハウス風に透明のビニール天井を取り付けたところ、よそのビアホールが閉まっている雨の日でも、お客さんがたくさん来てくれ、売上が増えているんですよ」

「それはよかったですね。更地に担保設定されているのであれば、その更地に建物を建てても、それだけで銀行の担保権を侵害することにはなりませんよ。土地が競売にでもなれば、どかさなければなりませんから。銀行に迷惑はかけないことになるからです。

でも、さっきの話からすると、競売の心配はないでしょう。ただし、いちおう銀行の了解はとっておいたほうがいいですよ。銀行側としても、設備投資費用がほとんどかからずに、すぐに営業に結びつけば、収益力が増し、ホテルからの返済能力も高まり、債権回収面で有利な話ですから、理解してくれると思いますよ。K社長は、ホテルのレストランやビアホール等ですでに飲食業の経験も豊富ですから、新たに焼肉店をオープンさせても、流通コストも削減でき、おもしろいかもしれませんよ」

「それで安心しました。早速、そのお客さんに話してみます」

私たちは、ホテルへ行く途中、早速そのログハウスに立ち寄って、中を見せてもらった。

「社長。いつ頃、オープンする計画ですか」

「今年の6月18日にする予定です」

「どうしてまた、6月18日なのですか」

「その日は、亡くなった息子（長男）の命日なんです。育ち盛りのときでしたから、おなかをすかせてないかとずっと心配でした。うまいものを腹いっぱい食べさせてやりたいのです。実は、店の名前ももう決めているんです。広い庭園とログハウスから考えて、森の中を吹き抜ける風のイメージです。あの子はきっと風になって、日本中旅をしているんじゃないかと。県内で一番、焼肉のおいしい店にしたいですね」

私は、11月18日に逝った天国にいる娘のこととダブらせ、K社長にこんな言葉を返していた。

「Kさん。どうせやるなら、九州で一番おいしい店にしましょうよ。きっと天国の息子さんが、いい風を吹かせてくれますよ。それと、家族連れ、とくに小さな子どもさんたちが楽しめる店を目指しましょうよ」

そして２００５年の今日、私は、窓の外の山々の森を見ながら、車中で嬉しそうに話すK社長の姿を思い出していた。

「怒」の形相で

私はK社長の息子とともに、銀行に到着した。応対に出た行員たちも、事の重大さに気づき、皆、下を向いたまま、黙って私の説明を聞いていた。

バンカーの業務は、人を死に追い込むことではないはずだ。返済を迫るとき、相手の会社の返済能力、収益力に思いを致すべきだ。貸すだけ貸しておいて、「収益弁済による返済額がこれだけだから、金融機関の要求する返済額は不可能だ」と懇請しても、「そんなことは会社側の事情で、当社は関係ない」と聞く耳をもたない素振りをする金融機関の何と多いことか。

金融機関には貸すという作業があれば、当然、返すという作業にも携わらなければならない。とすれば、貸した段階から、会社とは運命共同体である。貸出しの時点で、「あなたの会社の体力（売上）から見て、そんなに借りてはダメですよ」と、苦言を呈する姿勢が必要である。

すでに貸し込んでしまったら、「そんなにムリして返済すると、体力がもちませんよ、すぐにお金が底をついてなくなってしまいますよ」と長期的視点に立ってアドバイスする姿勢が、プロたる金融機関に求められよう。不安でいっぱいの借主側は、目先の返済のみに目を奪われ、先のことを考えず、ありったけのお金を返そうとするからだ。

会社経営者は、目先の問題を主観的・短絡的にしかとらえられないが、金融機関は客観的に全体的に把握し、最も適した解決策を策定して、提案できる能力を有していなければならない。弱い立場の中小企業の経営者側の圧倒的多数の方々にとって、金融機関の存在自体は、絶対的な力であり、返済について意見が言えない境遇に置かれているからだ。

そのような存在力を有する金融機関だからこそ、その声が恐怖の声に聞こえるのではなく、救いの神の声に聞こえるように、金融機関自身が鏡を見て、鏡に映った己の姿を、いま一度、確認してほしい。神なのか、悪魔なのか。そして、バッジと背広を脱ぎ、貸す者と借りている者との垣根を取り払えば、皆、人の子であり、あるいは人の親である。家族を守ろうとする気持ちは、皆同じであろう。家族のために、愛する者のために仕事をし、生きているのだろう。

なのに、片や家族のために債権回収を行い、片や家族を守るために死を選ぶ。私には、この光景を断じて認めることはできない。絶対におかしい。人が人を追いつめる。気がつかねばならぬ。誤っていると。お金が絶対だという風潮を、誰かが断ち切らなければならない。

孫子が言っていた。敵を倒すのに必要なものは「怒」だと。このときの私は、まさしく「怒」の形相をしていたのかもしれない。

再生のためになすべきこと

私は事務所に戻ると、早速、会社再建のための『七つ道具』の作成にとりかかった。銀行に望んだだけでなく、私自身も、四十九日の法要が終わるまでは、できる限り、ご家族には仕事、とくに資料づくりのことで声をかけたくなかったので、とりあえず預ってきた手元の資料のみで作成することとした。

これら再建のための『七つ道具』は、債権者、とくに金融機関の方々に会社の『現在の状況』をありのまま伝え、見かけは丈夫そうに見えても、実は、会社の痛みは相当程度、深刻であることをわかってもらうことから始まる。相当にムリをしていることの告白、懺悔である。

これにより、金融機関側も、ただの一債権者＝傍観者ではなく、再建作業にとりかかる共同作業者になってもらうためだ。金融機関側の知恵と財力と協力が積極的になされなければ、困難を伴う会社再建などはできないからだ。

次に、現状を踏まえて、それをどうやって治すかが検討されねばならない。治りようのない病気ならば、むしろ破産して債権者の被害を最小限にすべきだからだ。治せるものなのか、そうでないものなのかは、病気になった原因を解明することで判明する。原因を解明し、それを除去すればいい。これを解明するのが、『過去の経営悪化に至る経緯』である。

B／S上の債務超過はなぜ生じたのか、P／L面で営業利益以上の返済をしている黒字倒産型企業か、それとも営業利益すら出ない本質赤字のダメ企業なのか等、P／L、B／Sの10か所に及ぶ点検が必要となる作業である。

しかし、これ（現在と過去）を示すだけだと、利害関係人をただ不安がらせるだけである。不安と失望だけでは、何も生まれない。そこで、最も大事なことは、『未来の姿＝生存』を見せてあげることである。企業の再建の設計図どおりに組み立てた完成図に『夢』を求め、共同作業にとりかかるのである。これが問題解決能力（ソリューション）であり、われわれ再建弁護士の経験と実績がものをいう作業である。かくして、再建計画書ができ上がった。

消費者金融との攻防

「先生。9月20日に手形が回ってくるんですが……」

四十九日の法要がまだ先のある日、心配そうな声で息子さんが電話をかけてきた。

「いくら回ってくるんですか」

「400万円です」

「K社長からは、手形を発行していたとは聞いていませんでしたが……」

「父が、銀行への約定返済を守ろうとするあまり、そのシワ寄せが仕入先支払いにきて、その支払分を補うため、数年前から数社の消費者金融から借りては返してを繰り返していたようです」

銀行借入金の優先返済を心がけるあまり、不足する資金を新たに高利の消費者金融に手を出し借りてしまう。たしかに信用不安を引き起こし、会社の価値を劣化させる商取引先への未払いは発生してはいないが、その代わり、「消費者金融」という高金利の支払いと、手形の徴収による不渡り倒産の危機を招来するという悪魔の選択をしてしまう。

銀行第一主義の弊害がここに出てしまった。

「いいですか。その手形を決済してはなりませんよ」

「先生。手形を決済しないと、『不渡り事故』が起きてしまいませんか」

「不渡りが起きても、いまのA社にはど、う、っ、て、こ、と、あ、り、ま、せ、ん、よ。気にする必要はありません」

「不渡りになると、倒産ということになりませんか」

「大丈夫です。不渡りっていったって、消費者金融1社くらい、どうってことないですよ。倒産するかどうかは、会社が決めるのです。A社は倒産などさせませんよ。安心してください。まず、私のほうでその消費者金融業者らにすぐに介入通知を出して、A社の現状をよく説明しますから。介入通知が届けば、以後の連絡は弁護士を通じてとなりますから、あなた方家族に『支払え』等の請求がくることもなくなります。大丈夫です。心配しないでください。

それよりも、四十九日の法要を無事行ってくださいよ。それが、亡くなったお父さんへの一番の供養ですよ」


私は、すぐに担当のG弁護士に指示して、消費者金融3社に対し、弁護士介入通知を発送させた。これまでの取引履歴を至急提出するように要請した。併せて、9月20日に期日がくる手形を取立てに回すことを禁ずる内容も付け加えた。

なぜなら、取引履歴いかんでは、すでに『過払い』となっているかもしれず、額面400万円といっても、その実はそれ以下か、あるいは債務は0円であることもある。そのような調査未了状態で強固に手形を取立てに回し、万一、不渡り倒産となれば、銀行、取引先、従業員も巻き込んだ大問題に発展する。

そのような事態を引き起こすことは、民法709条の不法行為に該当し、消費者金融業者においても好ましいことではないし、多大な損害が発生するかもしれない。だから、調査が終了するまで取立てに回すことを待ってほしいという内容であった。

社長の急死を知り、会社が現在、経営者不在であり、弁護士が債権調査して、A社の会社再建か破産かを決める、そして、破産の場合の配当率と再建の場合の配当率の比較を知らせる旨を、各消費者金融担当者に通知した。

その後の電話交渉等が功を奏したのか、9月20日、10月20日の手形は取立てに回されなかった。それどころか、消費者金融業者とは、残債権の一部を一括して弁済するので、残債権を放棄する旨の和解を提案。各消費者金融業者と交渉の末、和解案に調印し、懸案であった消費者金融問題は真っ先に解決していった。

9月18日。夜空に輝く月明かりを見上げ、天国のK社長に報告した。

「最初のヤマは越えましたよ。息子さんたちもお父さんの遺志を継いで、頑張ってますよ。もう少しだけ、見守っていてください。もう少しだけですから」

少しずつ消費者金融を含む債権者たちが、A社再建のために私の提案を受け入れ、協力するようになってきた。再建の光がほんのわずかではあるが、見えてきた瞬間であった。

再建のシナリオに着手

A社の抱える過剰債務は、K社長の死をもって獲得した生命保険金をもってしても、いまだ数億円の残借入金が残る計算であった。他方、A社の収益力（EBITDA＝減価償却前利益）をもって、この残借入金を返済するとなると、債務償還年数は30年となり、将来の当該地方の商業経済の地盤沈下の予想からは、将来数十年に渡っての債務を残しておくことは、「再生の見通し」としてはきわめて厳しいものと言わざるを得ない。

私としては、K社長が生命・身体を賭けた、命の代償ともいうべき生命保険金をもってして、

A社の抱える過剰債務問題をすべて解決し、明日からの明るい展望とヤル気を息子たちや全従業員に示したかった。この生命保険金ですべてを解決することが、自分の命と引換えに天に逝ったK社長の遺志に報いることだと思った。

それが金額的にムリなことは百も承知であるが、誰か一人くらい、K社長の遺志をかなえてあげてもいいのではないか。弁護士としての私が、その旗振り役をやらねば、誰がやるというのか。K社長の遺志だけではない。残された家族、多くの従業員とその家族の人生を守るのが、この世に残され生かされている私の役割なのではないか。

私は早速、生命保険金でA社の過剰債務を解決する手法を考案した。もちろん、この手法を円滑に進めるためには、すべての利害関係人が一致協力して、経済合理性の範囲内でそれぞれ譲歩し、私の示した再建案に同調してもらう必要がある。

そこで私は、これが普通のお金ではなく、ドクドクと心臓の鼓動が聞こえるような特別なお金であり、1円たりとも粗末に扱えないものであること、A社を再生させるための前に向かった生き金でなければならず、単に過去の借金を返済するといった後ろ向きのお金でないことを、各金融機関に説いてまわった。

しばらくして、この生命保険金を基礎に、A社の将来に光が当てられる再生スキームを完成した。息子たちと社員で新たに会社をつくり、A社の主要資産を含む事業部分を事業譲渡する案である。マネージメント・バイアウト（MBO）と主要資産を担保に受け入れるレバレッジド・バイアウト（LBO）を融合したようなスキームである。

ただし、いくつかの問題があった。

一つの問題は、新会社が引き継ぐこととなる、ＬＢＯ対象のＡ社の主要資産の評価である。その評価いかんでは、新会社の負担が重すぎて、将来の希望を残すための、できる限り短い期間（5年以内）での完済が困難となってしまうからである。

そこで私は、Ａ社の破産申立てもあり得ることから、破産管財人の立場から、Ａ社のホテル取壊しを想定した担保評価を策定した。

また、Ａ社のホテルの簿価上の価格は2億円前後であったが、実際は決算書上の利益をできる限り黒字とするために、実はこの十数年、Ｐ／Ｌ上、減価償却計上をしていなかった。そこで、担当税理士に、万一、このホテルをきちんと減価償却していたら、現在の簿価上の価格はいくらになるかを出していただいたところ、建物の簿価はわずか９０００万円レベルまで下がっていた。

後は、本件ホテルの解体費用を試算することだ。当該ホテルの取得希望者が現われるとしても、老朽化し、今後のランニングコスト、大規模な修繕費が予想され、ホテルとして取得することの経済合理性は限りなくゼロに等しい。取壊し後にマンションを建てるのが、きわめて一般的な取引と予想された。

この取壊し費用の見積もりについては、私の信頼する一部上場の建設会社に依頼した。なんと出てきた回答は、１億３０００万円というものであった。

これらの取壊し費用明細が残存簿価額を上回る場合、建物価格は０円に等しいものとして任意売却することとなる。純粋に更地価格売却であれば、当該土地代金相当分を新会社が引き受けることはできるからである。

再建計画に「魂」を入れる

もう一つ問題があった。

A社は、資金不足↓設備投資不足↓老朽化に拍車がかかる↓利用客離れという悪循環に陥っていた。人間の体でいえば、疲れてボロボロになり、満足に栄養もとれていなかった。そうした現状から前に進むためには、一度オーバーホールをし、しっかりと栄養をとって体力をつけてから、前進を始めなければならない。それと同じで、会社を相当程度リニューアルして、快適さ（アメニティー）をアピールしなければならない。

従来、ホテルの部屋稼働率は50％に満たなかった。90室の50％とすれば、45室が稼働しているにすぎない。そこで、この実動している45室、とくにバス・トイレ付きのユニットバスを新規なものに取り替えることが、顧客満足度を高める一つのポイントであった。

1ユニット当り80万円として、45室の修繕費は3600万円、それ以外の水回りの修繕もするとして、総額1億円をホテルのリニューアル費用として計上することとした。

K社長の命がホテルの壁となり、柱となって生きていることは、本件再建スキームの最も大事な「魂」の部分であった。再建計画を机上の空論とさせないために、「魂」を入れる必要があった。

税金対策

予期せぬ問題が生じた。

K社長の生命保険金の受取人が会社であったことから、A社が受け取るはずの生命保険金にも、多額の法人税が発生するというのである。

A社に多額の損失があればいいのであるが、決算報告書上、損金として認められる累積損失はわずかしかない。これでは、K社長の命に代えたお金と、この命に代わるお金でA社の借入金を整理資金として、その再建に使ってほしいとの最後の願いが、税金発生という事態でかなえられなくなってしまう。それでは、ムダ死にとなってしまう。それだけは避けたかった。

K社長が予期していなかった税金発生を、何とか回避する方法がないものだろうか。

この生命保険金は、過剰債務の解決金、老朽化した建物の改築費用等、A社の再建の前に立ちはだかる障害の壁を打ち破るための破砕に使われなければ、何の意味もなくなってしまう。

K社長の死をムダにはさせない。

このようにして、資産移転による売却損の発生を組み入れた新会社方式が生み出された。

再生に向けた行動開始

さあ、再生へのシナリオは完成した。

このシナリオを実行するための舞台装置たる、いつもの七つ道具も完成した。弁護団という役者もそろった。光麗法律事務所によるAホテル再建劇の幕開けだ。

「天国のK社長と先に逝かれた長男さん、その場所から観ていてください。これからAホテルを、スポンサーに頼らず、独自の力で再生させてみせますよ。ただ、私が当初考えた、K社長が遺してくれた生命保険金だけですべてを終わらせるスキームは、修正しておきました。生命保険金は、あくまで会社の一般財産であり、これとは別に、会社の土地・建物を担保提供している以上、その担保評価相当分は、別途返済しなければならないからです。

でも、大丈夫です。あなたたちの息子や弟である次男以下は、その担保評価相当分の6000万円の負担くらいなら、5年以内で返せるだけの力をつけてきていますよ。お父さんやお兄さんたちの死は、地上に残った彼らを確実に成長させています。私も弁護士として、最後まで見捨てず、力になります。いまから始まる田舎芝居を、天国からゆっくり観ていてください」

心の中で、私は天国のK社長とその息子さんに問いかけていた。

私は一人、九州某所の繁華街にある、昭和初期の装いのレトロな居酒屋のカウンターで、その店の名物という小さな一口餃子をつまみに、黒糖の焼酎をちびりちびり飲んでいた。

一人で飲んでいると、K社長との会話や、天国の娘のことが思い出されていた。ただただ、無性に涙が出て仕方なかった。目をつむると、K社長の顔が笑っていた。きっと隣の席に「先生、ご苦労さん。まあ、一杯やりましょう」とK社長が座っていたのだろう。九州のいなか町の夜は、次第に更けていった。

金融機関の『良心』とは

たしかに金融機関担当者は、金融機関という組織の一員である以上、組織のルールという規範に従わねばならないことは当然である。

しかし、その組織のルールも、債務者を袋小路に追いやってでも回収せよと言ってはいない。「臓器を売ってでも払え」と言った、あるノンバンクの回収の仕方が大きな社会問題化したことは、ノンバンクにのみあてはまるものでなく、金融機関すべてにあてはまるルールであり、債権者としてのモラルである。その意味では、債権回収の名の下にすべてが許されるものでなく、債権回収にも一定のルール、限界があるのである。

そして、直接債務者と関わる**担当者としても、たしかに組織の一員ではあるが、その魂までをも組織に売り渡したわけではない。**己の良心、すなわち、己の正義感で債務者と接し、債権者であると同時に、債務者の良き理解者でもあらねばならない。そして**債務者が、円滑なる返**

済履行ができるように、その障害事由を取り除き、その環境を整える助け舟を出してあげることも必要であろう。それが、**金融機関の一員となった人間の『良心』**であろう。

その逆に、担当者が債務者の真摯・誠実なる対応を理解することすらせず、人間としての最も弱い部分を突き、袋小路に追い込み、挙句の果てには、その身も心もズタズタに引き裂く様は、とても人間世界のこととは思えない。

人は死して終わるものではない。肉体的な存在は、死により灰となり、形は失うであろうが、その人の生きていた意味は、その人を愛する者たちの心に継がれ、存在を生かしている。否、死したその人のメッセージが、残った者たちを生かしていると言ったほうが正しいか。

K社長は亡くなった。しかし、K社長がその命をもって子どもたちに伝えたメッセージで、子どもたちの記憶の中で父親のK社長も存在している。そして、K社長を死に追い込んだ金融機関の担当者らも、組織の一員である前に、人の親であり、赤い血が脈々と流れる一人の人間であることに気付き、これからの人生の中でこのできごとを忘れずに成長してほしい。

きっとK社長もそれを望んでおり、それこそが、いまこのときにもK社長が存在しているということなのだから。

天国からのプレゼント

2006年2月21日。

九州よりK社長の息子さんを呼んで、Aホテルの再建計画の打合せをした。

「今日は、お父さん（K社長）の6か月目の祥月命日でしたね。ご家族の皆さんはお変わりありませんでしたか」

「はい。母の症状もだいぶ回復して、皆少しずつ、前に向かって行こうとしています」

「それはよかった」

金融機関の対応も、至って平穏だとの報告を受けた。

翌2月22日。私が事務所で帰り支度をしていると、3債権者のうちの大手生保系のリース会社の部長から電話が入った。

「当社でも十分審議しましたので、報告します。結論から言います。先生の提案されている生命保険金のプロラタ配分による一括弁済および担保評価による弁済案を承諾したいと思います」

「それでは、残額を放棄していただけるのですか」

「はい。その方向で稟議をしております」

金融債権の40％近い割合を占める、このリース会社のこの再建協力の対応で、Aホテルの会社再建の出口がいっきに見えてきた。このリース会社は、何度も何度も私の事務所を訪れ、私との交渉を続け、Aホテルの窮状事情を理解して、できる限りの再建協力をいち早く明示してくれた。このことは、悲嘆にくれている残されたご家族の今後の人生に、どんなにか励みになったことだろう。この方々の懐の深い人間性に巡り合えたことを幸福に思う。

そういえば、今日は、天国にいる娘の23歳の誕生日だ。この偶然は、きっと天国の娘やK社長やその息子さんたちが、私たちに何らかの力を貸してくれたんだと思う。天国からのプレゼントだ。

私は帰り道、誕生日ケーキを買いに途中下車をして、Tデパート地下のケーキ売場へ向かった。生クリームの丸いケーキを見つけて注文すると、店員さんから「ロウソクは何本にしますか」と訊かれた。一瞬、戸惑ったが、複雑な思いの中、「あの〜、ロウソクはいりません」とだけ答えて、ケーキを受け取った。亡くなった子どもの誕生日ケーキを買うほど、つらいことはない。

デパートの外に出て、家路へと急ぐ。コートの襟をくすぐるさわやかな夜風が、春の訪れを予感させていた。この風もあの月明かりの天国から吹いているのだろうか。

会社救済ファイル 2

「経済合理性」よりも大切なものは何か

——全国初の旅館再生ファンドで蘇った落合楼

人は誰も、他人には理解不能であるものの、当の本人には十分にその意味が理解できている、そんなできごとが一つや二つはあるものである。肉体という姿は消失しても、家族の絆は誰にも断ち切れはしない。

本項は、3年ぶりに天国にいる娘が帰ってきて、父親として心の言葉を交わせた私自身の魂の再生の記録である。舞台となったのはある旅館。その主の了解を得て、あえて旅館名を記し、いまは亡きその旧経営者の魂に報告するものとして記述するものである。

落合楼

静岡県は伊豆半島の中央部に位置する、深い山あいの天城湯ヶ島の温泉郷。

その温泉街に位置する『落合楼』は、田山花袋、島崎藤村、北原白秋、川端康成等、明治、大正、昭和初期の文人墨客がひと時の休息に訪れたり、幕末の雄、山岡鉄舟らがその疲弊した体を癒やしに来た、歴史的にも大変由緒ある旅館であった。

名前の由来は、幕末、江戸城明渡しに際し、西郷隆盛との無血開城交渉をした旧幕臣、山岡鉄舟による。側を流れる本谷川と右手の猫越川が合流する場所に旅館が位置したことから、二つの川が落ち合い狩野川となる場所として、名付けたとされている。

敷地は広大であり、深山幽谷の霊気に囲まれ、明治初期より続く古い日本式平屋建ての旧館部分16室(眠雲亭6室を含む)と、猫越川を隔ててその対岸に昭和34年に建築された、地下2階、地上6階建てのビル様式のそれ(32室)との二つの異なる建物よりなる。この二つの建物を、猫越川の上を通る、かつては吊橋であった渡り廊下が展望休憩所としてつなぐ構造だった。

ビルの最上階が国道に接している構造上、最上階部にフロントロビーを設置して、来客をもてなしていた。ここから旧館部分を見下ろす景観は、明治、大正時代にタイムスリップしたようであり、また、伊豆天城の山々の新緑が美しく、眼下を流れる猫越川のせせらぎの音もBGMとして心地よく、長旅に疲れた旅人をくつろがせてくれるには申し分ないものであった。

資金不足

私が落合楼の再建相談を受けたのは、2002年のこと。経緯は省略するが、5月過ぎにA社長夫妻が事務所に相談に来られた。その場で資金繰りの内容を聞き、驚愕したことを覚えている。

電気、ガス、水道料等の公共料金や、固定資産税等の租税公課も数か月支払っていない状況。それればかりか、魚屋さん等、取引業者への支払いすら数か月分滞っていた。

さらに驚いたことには、従業員らの給料もなんと6か月以上も支払っていない状態だった。なんたることか。話を聞くまで、そこまで苦しいとは予想だにしていなかった。

私は、給料を半年以上も支払わずに、どうして従業員らが不満も言わず働いているのか不思議で、「税金等の滞納は別に珍しいことではありませんが、従業員さんの給料を半年間も支払わずに、よく皆さん、文句も言わず、辞めていきませんでしたね」と尋ねた。

すると社長は、「それは私も大変に心苦しく思っています。ただ、従業員は皆、父（先代）の代からの従業員であり、もう40年以上勤めてくれている方ばかり。皆、近所の自宅から通っており、年齢も高くそんなに生活費がかかりませんし、お客さんから『心づくし』を2000～3000円いただきますので、月に20組も受け持てば、6万円くらいの収入になる。田舎ですし、なんとかなっていたようです」と解説してみせた。

経営者も従業員たちも、日々旅館を営業し、一日一日仕事ができれば、それで満足していた状態であり、地元の役場にしても、上下水道料の滞納や入湯税の滞納、固定資産税の滞納等は、地元同士ゆえ、大目に見てくれていたのかもしれない。地方の老舗旅館特有の甘えの構造である。

それにしても、仕入支払いの滞納や従業員の給料未払いの中で、これまでやってこられたのは、地域の特性や社長の人徳の賜物と感心する反面、支払い等の返済未払いにマヒしてしまった当旅館というのは、営利を追求する企業体をなしておらず、この老舗旅館の再生が容易でないことを直感的に感じ取った。

「社長、この状態になるまで、何か手を打たなかったのですか」。私の質問にも、力なくうなずく社長であった。

バブル経済破綻後に旅行ブームが去り、高級感漂う当旅館に代わり、低料金を売り物にするファミリー向け旅館の台頭等に押され、顧客の確保がむずかしくなるだけでなく、老朽化した8階建てビルの維持費用が、ただでさえ低迷した旅館経営に重くのしかかり、もはや全館を運営できるだけのランニングコストすら、捻出できない状態であった。ここに至っては、企業再生に素人の旅館経営者の力をもってしては、この悪循環から抜けられないことは、誰の目にも明らかであった。

「このままでは、旅館を閉めるしかありませんよ。仮に、会社が無借金と仮定してみても、この決算、資金繰りの内容では、営業利益すら見込めません。その意味するところは、取引先や従業員の給料を、これからもその不足分だけ支払えないという状態を表しています。現に、従業員には半年以上も給料を払っていません。経営者として、一番してはならないことです。ましてや、運転資金等の借入金の返済に回せる資金は、どこを探しても捻出できません。

従来どおりのこの部屋数を保ったまま、営業を続けようとすると、それなりの仲居さんたちや従業員の数を確保しなければならず、かといって、売上がこのまま横バイでは、相変わらず給料分の不足が生じてしまうでしょう。

幸い、貴旅館は由緒ある和風の日本旅館と、近代的なコンクリート造りのホテル形式という、コンセプトの違う二つの旅館を経営しているようなものです。稼働率が著しく低下し、その回復が望めないなら、ランニングコストに大金を要する8階建てのビルを切り離し、16室の和風旅館のほうをオールドファンの方々向けの旅館事業の柱として、やり直したらどうですか。貴旅館に泊まれるのは、年配の富裕層の方々でしょうから。お金は、あるところにはあるものですよ」

しかし、社長ご夫婦も齢70を超えており、もう一度、腕まくりをしてこの困難な会社再建に取り組む気力は萎えていた。ムリを強いることはできなかった。また私自身もこのころは、精神的にも肉体的にもボロボロに疲れており、再建相談を受けるにとどめ、新規事件の受任は断っていた。

社長らご夫婦は、旅館をどうするかを家族で検討してみると言い残して、力なく事務所を後にしていった。後ろ姿を見送る私は、顧問弁護士による破産を検討するのでは、と考えていた。

必然の縁

後日、地元のメインバンクS銀行のU部長らが、A社長に同行して私の事務所にやって来た。

そのメインバンクは、過去、訴訟等で対峙したことはあっても、当該金融機関側で仕事をしたことは一度もなかったので、私としては、まったくのニュートラルの状態で話を聞くこととした。

メインバンクの再生プロジェクトチームのU部長は開口一番、こう言った。

「先生、なんとか落合楼を再建できないでしょうか。現状が債務超過であり、過剰債務であり、EBITDA（減価償却前利益）上も問題が多いことも理解しており、従業員らの給料すら払えないほど資金繰りが成り立ってもいないことは、当行も社長より聞いてわかっております。このままでは、破産やむなしという状態もよくわかっております。当行も本件では『回収の極大化』という目的が達成できないことは十分に理解しております。

ただ、旧屋敷の和風旅館部分の応接間の造りは、国の指定有形文化財に指定されている社会的文化的財産です。この国民的文化遺産を破産によって取り壊してしまうことは大変残念です。当行では、この社会的文化的財産を後世に受け継がせることも、地域金融機関としての社会的責任として考えており、先生がおっしゃられた、和風部分を切り離して、旅館事業を『営業譲渡』するスキームを当プロジェクトチームでも研究しており、この内容で落合楼を再生させたいのですが、先生の力を貸していただけませんか」

人間味あふれるU部長の熱い思いがひしひしと伝わってきた。この銀行は債権回収だけが目的でなく、文化遺産の命の灯を消したくない、生かしたいという、きわめて人間的な訴えをしてきた。再建を本気で考えていた。U部長は、静岡県内での重要文化財指定の通達書、地元新聞を私に見せてくれた。建物が文化財に指定されている旅館でさえきわめて珍しいのに、お客が宿泊する各部屋、はたまた階段に至るまで、それぞれ個別に文化財に指定されている旅館は、日本広しといえども本当に希であろう。

そして、その指定された日を見て、わが目を疑った。なんということか。その登録有形文化財の指定日が、あろうことに『1999年11月18日』となっているではないか。この指定日のちょうど1年前の同日は、私のかけがえのない16歳の長女が天国に旅立った日、その日ではないか。そして、父親としての私自身もまた、死んだ日であった。

もし、この指定日が別の日であれば、これほど私の心を動かさなかったであろう。然るに、なんと、ちょうど私の長女が天国に旅立った1年後のまさにその日に、この建物が文化財に指定された。その文化財が輝きを失い、いままさに取り壊され、その命を奪われんとしている。

私は、この建物が取り壊されてしまうことは、再び娘が遠くに行ってしまうことのように思えた。この文化財を取り壊してはならない。この建物に宿る精霊たちの魂の声に交じって、「お父さん、助けて。この建物を壊さないで」と、天国の娘からのメッセージを受け取ったような懐かしい気持ちと、「この事件」がそれまで縁もゆかりもない私の事務所にたどり着いたこの「出会い」は、決して偶然などではない、それは意味のある『必然』のできごとなのだと思った。

それまで再生事件から逃げていた私に、この事件を受任するようにとする天の声であり、死んでいた私が再び生きていこうとする初めの一歩であるような気がした。

存在の証しは経済合理性に勝る

たしかに、お金で立派な近代的な建物は買えるだろう。だが、100年もの時代を経て受け継がれる文化的、時代的価値、歴史など買えはしない。私は、歴史の尊さ、文化的価値は、経済的な『回収の極大化』に勝るとのU部長の熱いまなざしとその真摯な気持ちを汲んで、この旅館の再生に関わることとした。

「わかりました。過剰債務問題等すべての問題を解消し、メインバンクの支援を取り付けることができるなら、再生を目指しましょう。ただ、旅館の資金は今月の給料すら支払えない状態であり、メインバンクである貴行で運転資金の支援をしていただくことができますか？」

U部長は苦しげに首を横に振り、こう言った。

「先生、旅館の当行への返済は1年以上滞っており、当行としては、『実質破綻先』に認定していますから、このままの状態での旅館に貸出しは、当行の規定上ムリです」

「では、共益債権として、万一の場合でも他の債権に優先して支払われることとなる『DIPファイナンス』であればどうですか。具体的には、落合楼が民事再生の申立てをして、民事再生法上の『共益債権』とすれば、裁判所によって全額が保護され、支援の名目も立ちますが……」

私はこの時点でU部長と考えが一致しているのを確認できたことから、『プレパッケージ（事前調整型）の事業譲渡方式』を民事再生の手続上で行うことをメインバンクに理解してもらうのに、そう時間はかからなかった。

こうして、民事再生手続開始の中立費用はおろか、その後の運転資金すら欠乏した旅館の、プレパッケージ型民事再生手続開始の方針が決定した。中立後ただちに、借入金の共益債権化の監督委員の承認をもらって、融資が実行され、どうにか民事再生手続きの予納金の用意ができた。

断っておくが、民事再生手続きで裁判所が最も重要視するのは、民事再生申立直後3か月前後の資金繰りである。落合楼は、文化財の保護という社会・文化的保存の側面にスポットを当て、メインバンク（というよりも、U部長ら再生プロジェクトチームの人間としての懐の深さ）の絶大なるバックアップがあったからこそ、成り立つはずのない資金繰りが成り立った。あくまで例外中の例外の事案であり、他の旅館が同じことをしても参考にならないことは注意してほしい。

他面、地元地域金融機関の適切な判断と実行力があれば、疲弊した老舗旅館の再建は十分可能であることも、ぜひリレーションシップバンキングを志向する地域金融機関は学んでほしい。

経営交代の決断

私は、社長に問うてみた。

「銀行は落合楼の文化財やその歴史的経緯を高く評価しており、文化財に指定されている旧館部分をスポンサー候補者に営業譲渡する方式での再建ならば、DIPファイナンス等で支援する方針と明言しています。ただ、スポンサー候補者が今後旅館経営するとなると、A社長、あなたがこのまま続投することはできなくなるが、それでもかまいませんか。もし、困るというのなら、銀行にその旨を私から話してみますが、いかがですか」

A社長は穏やかな笑みを浮かべて、静かな口調で私にこう言った。

「先生、実は私は元々は銀行員だったのです。親父が旅館の経営者で、途中から親父の跡を継いだのですが、この10年間は苦しいことばかりでした。楽しいことなど一つもなかった。年齢的にももう70歳、体力も気力も昔のようにはいきません。

むしろ、新しい経営者が若く、旅館経営にも慣れている方であるなら、落合楼の歴史と未来をその方々に託してみようと思います。その方々のやりやすいようにしてあげてください。これまで旅館のために尽くしてくれた従業員たちの未払給料を営業譲渡代金で支払えるというなら、ぜひそうしてください。私たちは身を引いてもよいというのが、昨日、妻や子どもたちと話し合った結論です」

長年、経営者として振る舞ってきた方々が、第三者たるスポンサーに会社を明け渡すということは、たやすいことではない。むしろ、軋轢が生じたり、感情論でその仲が険悪となり、営業譲渡の話が壊れることはよくある。本件のA社長は、未練がないといえば嘘になるであろうが、家族同様の従業員らの身を案じて、潔く明渡しを決断したのであった。

江戸城の無血開城に尽力した山岡鉄舟が好んで宿泊した旅館だけに、今回の事業譲渡の成功の最も大きな要因は、A社長の人柄の潔さとU部長らの熱意と行動力に尽きると言っても過言ではない。私はこのとき、「老兵は死なず、ただ消え去るのみ」というマッカーサー元帥の言葉を思い出していた。

こうして、落合楼は、志をもつ伊東の老舗旅館の娘さん夫婦が若女将、支配人となり、「落合楼村上」として、旧経営者の意志と歴史、とくにその文化遺産を守るべく、新しく再出発することとなった。

エージェント対策

旅館事業の再生で肝心なことは、エージェント対策である。エージェントに不安をもたせては、客を送り込んではくれないからだ。

本件旅館でも、旅行客の大半がＪＴＢ等、旅行代理店の扱いであることから、私は申立前日にＪＴＢ沼津支社に出向いた。

落合楼の民事再生の申立ての経緯と今後の事業計画、とくに地元の金融機関の全面的支援を取り付けており、スポンサーによる営業譲渡を組み込んだ再建スキームなので安心してほしい旨の書面を持参し、エージェントの不安を取り除く作業と併せて、今後の再生、とくに送客面での協力を依頼した。

しかし、このころはまだ旅館業の民事再生は珍しく、民事再生手続きの流れや再建の話をしても、私どもの意思が正確に伝わったかはどうも怪しかった。

すぐに中部エリアを統轄する名古屋本部より「倒産したのですか」「お客さんの宿泊は本当に大丈夫ですか」との問合せがあった。「だから、倒産などではない。旅館事業は継続している」と何回か押し問答となった。

それでも、「旅客を送り込むのは不安なのですが、大丈夫か？」と念を押された。電話ではらちが明かない。「いますぐ行って、説明します」。私は名古屋に出かけ、U部長に依頼して提出してもらった地元金融機関の再生支援書を見せて、ようやくのことその安心を得られた。帰りの新幹線に乗ろうとするとき、雨がぽつりぽつりと降ってきた。

私は車内でラガービールのプルトップを引き抜き、白い泡とともにいっきに飲み干した。安堵感からか、豊橋を過ぎると深い眠りが襲ってきた。午後の9時過ぎ、新横浜に着くころには、大粒の雨が天から落ちていた。

民事再生申立て

民事再生を申し立てるにあたり、どの裁判所で申し立てるかは、申立弁護士として判断に迷うところである。申立てから開始決定までの期間が短ければ短いほど、その後の再建手続きは円滑に進むことは経験上明らかだからだ。大都市圏内の裁判所であれば、熟練した書記官らが手際よく事務処理をこなすことから、比較的短期間で開始決定に至る。これに対し、地方の裁判所では、申立てから開始決定まで1か月かかることはザラである。

私たち弁護団は、所在地の静岡地裁沼津支部ではなく、落合楼の東京営業所を根拠に東京地裁に申し立て、その日のうちに再建事件ベテランのN監督委員を選任していただき、さい先のよいスタートを切った（と思った）。

数日後、東京地裁の裁判官から私の事務所に電話が入った。

「先生、債権者の代理人弁護士から、静岡地裁沼津支部への移送の申立てが届いています。いかがいたしますか」

この当時の裁判所の扱いは、それほど管轄にこだわらず、東京に営業所の一つもあれば受付け、移送の申立てがあればそちらに移送するという、きわめて弾力的（大雑把）な扱いであった。私たちとしては、残念ながら裁判所の移送の手続きに従った。

以後の民事再生手続きの進行は、静岡地裁沼津支部で行うこととした（現在、私は、地元の業者の方々の不安面の軽減や、地元の弁護士の教育、裁判所に実務経験を与えるためという面から、労を惜しまず、地元で申立てをすべきだと考えを改めている）。

滞納税金の徴収

民事再生を申し立てた翌日は、早朝から騒がしかった。滞納税金の徴収に、若い徴収官3名が、眼下に落合楼の旧館が一望できるロビーで待機していた。

「おはようございます。ところで先生、民事再生の申立てをなされたそうですね。税金は優先的再生債権であることは当然、ご存じですよね。それでは、え〜、滞納額を至急納付してください。納付していただけなければ、ただちにクーポン等の差押えに着手しますがよろしいですか」。若い徴収官は、弁護士という職業の私に見下されまいとするかのように、強い剣幕で言い放った。

「ちょっとちょっと、待ってください」。いきなり何を言い出すかと思ったら、そうきたか。なんと高飛車な態度だろう。

「たしかに、落合楼は民事再生を申し立てており、裁判所から選任された監督委員のもとで再建を目指します。幸い本件は、地元のS銀行がDIPファイナンスをしてくれて、取引先との関係を円滑に保ってくれており、貴税務署の手荒な徴収がなければ、旅館事業は間違いなく続けられると思います。また、本件は営業譲渡を予定し、すでにスポンサー候補者とも打合せに入っており、いまはまだその方の名前を出せませんが、1か月過ぎにはその名前も公表できると思います。

この資金繰り表を見てください。貴税務署の滞納額についても、私どもの再生計画案では6回分割で完済予定となっていますし、それまでに事業譲渡がなされれば、その代金で一括完済する予定です。然るに、いま、入金予定たるクーポン等を差押えして、旅館事業が立ち行かなくなり、破産となれば、滞納税額の7割以上は回収不能となります」。私は、いっきに手荒な徴収は、かえって不利益であることを説明した。

「それよりも最も重要な点は、この建物の保護ができなくなるということですよ。あなた方ならすでに知っていることと思いますが、国の文化財指定のこの建物も瓦礫となってしまうのですよ。国の大切な文化財産があなた方の差押えにより壊されてしまう、そうならないように、貴税務署においても、ぜひこの観点からも検討して、分納の協力をお願いします」

若い徴収官らは不満げであったが、たしかに文化遺産の建物を差押えの手続きで壊してしまうことを了とするまで、了見が狭いわけではなかった。後日、当職らから納付計画書を持参して説明に伺うことのアポイントを確認して、その日はどうにか帰ってもらった。

後日談ではあるが、この若い徴収官はその後、異動となった。数年後、私は西伊豆地域の別の旅館の民事再生を申し立てた。なんと、その旅館にこの若い徴収官が再び現れたのだ。ただ、そのときは、今度は落合楼の際の高飛車な態度と異なり、「すごい偶然ですね」とお互いにこりと笑い、落合楼での全額弁済が無事完了したこともあり、打ち解けた話の中、件の旅館の再建策を一番に理解、協力をしてくれたことも、また落合楼が取り持つ人間の縁なのであろうか。

滞納公共料金の取立て

最も難儀したのは、電気料金の滞納分の取立行為である。

電気等の公共料金については、送電停止等の措置という心理的強制力で回収を促すものであるが、それも「開始決定」となっていれば、この滞納料金の未納を理由に、『送電停止』等の強制措置をとることはできなくなる（民事再生法第50条1項）。その反面、供給側は、「開始決定」前であれば、支払いがないことを理由に供給停止措置をとることができる（民法第５３３条）。公共料金等を多額に滞納している会社の再生手続きでは、できるだけ早く「開始決定」という裁判所の門の中に入ることが肝要とされる所以である。

電力会社としては、「当弁護団のある若手弁護士が、債権者との個別相談時に、電気料金の滞納分については支払えるようなんとか検討してみますと言ったではないか」と主張して、「支払わないのはおかしい。当社としては、開始決定前に送電停止措置ができた（民法第５３３条）のに、その機会を失したのは、弁護士の言動のせいだ」と執拗に回収を迫った。当該弁護士や私宛に、損害賠償も検討している旨の内容証明郵便までいただいた。

当職らも、次のような説明をし、その理解を求めた。

「公共料金といえども、検針日以前のものは再生債権であり、開始決定がなされた以上は、再生法の網がかかり、再生手続きの中で公平・公正に処理をしなければ、再生手続きが廃止となり、破産となってしまう。その支払いについては、再生計画案に従って支払われることになることをぜひ理解してほしい。優先的再生債権ではない。当該弁護士がそう言ったか言わないかは水掛論であるが、仮に言ったとしても、弁護士が債務負担をする意思などどこにも認められない。そもそも貴電力会社に新たな損害などは発生していない。本件の主任弁護士として、再生手続違反を認めるわけにはいかない。それでも、再生手続違反をせよと言われるのなら、貴社のコンプライアンスを疑います」

その後も電力会社の料金徴収の担当者は、担当の若き弁護士に執拗に支払催促の電話をしてきたため、件の弁護士も精神的に相当にまいってしまった。そこで、本件の民事再生の指示はすべて私がなすことにして、「いっさいの責任は私にあるのだから、今後は私の事務所に電話するよう」お願い書を送付した。

これほど執拗に口論した相手ではあるが、債権者集会の席では、当職の提示した再生計画案に賛成していただいたことには、深く感謝している。イヤなことでも逃げてはいけない。対話の大切さを学ばせていただいた事案であった。

気をつけなければならないのは、同じ公共料金でも、水道料金のうち『上水道』は一般再生債権であるが、『下水道』は優先的再生債権であるという区別がされていることだ。

弁護団は、「下水道分担金につき、たしかに優先的再生債権であるが、いまだ旅館と下水道がつながっておらず、下水道を使用していない。しかも下水道分担金の決め方が、役場のほうで一方的に売上高比率で分担金を指定しておいて、それを支払えというのは不合理極まりないではないか」と食い下がった。

汗水たらして、せっかく貯めたお金を、つながってもいない、したがって使うことのない下水道の分担金としてもっていかれるのは、どう考えても理不尽だからだ。しかし、役場は「法律でそうなっているのだから」と取り合わない。結局、遅延損害金等の免除の点で放棄してくれて折り合ったが、当時は旅館との接続のための下水道工事が中断していたし、私としてはいまでも納得のいかない決断であった。

「出会い橋」での再会

　申立直後の私的な債権者集会での説明も特段の混乱もなく、無事終わり、また、数々の困難なできごとも解決の方向に向かっていた。精神的にも肉体的にもくたくたに疲れた体を癒やすため、私たち弁護団は、川のほとりに位置する露天風呂につかり、川のせせらぎの音を聞きながら、夜空に浮かぶ黄色い上弦の月を眺めていた。

　その後、風呂上がりの浴衣着で弁護団が夕食をとっていると、

「先生たち、運がいいですよ。いまの季節なら、川のほとりで『蛍』の乱舞が見られますよ。ご覧になられませんか」

と、A社長の息子さんより、誘いがあった。翌日、東京に帰るわれわれ弁護団としては、その時をのがすと、来年まで見られないそうだ。

「ぜひ行きましょう」

　われわれ弁護団は、浴衣着のまま、旅館の下駄をはいて、息子さんの先導で旅館の脇を流れる川のほとりに向かった。

　その川には、橋が架かっていた。橋の名はなんと、「出会い橋」。人はそれぞれにどうしても会いたい人がいるものだ。この「出会い橋」の名前を見て、私は、3年前に天国に旅立った娘に会えたらどんなにか幸せだろうかとの思いを胸に抱きながら、橋の中央部まで進んだ。

そして、思わず、「あっ！」と息を飲んだ。

暗闇に乱舞する蛍たちの舞いが、とてもこの世のものとは思えない幻想的な明かりを、私たちに見せてくれていたからだ。まるで、私たちの到着をいまかいまかと待っているように。

「わあ！　きれいだ」

誰彼ともなく、感激の言葉を口にしていた。私たちは橋の欄干に手をかけ、黙ってしばらく川のせせらぎの音をＢＧＭに、その蛍の舞い、光のページェントに見入っていた。

すると、本当に突然であるが、ぽつり、ぽつりと天から雨が落ちてきた。先ほどの月の明かりからはまったく雨など想像していなかった。そしてすぐに「ざー」と、大降りの雨に変わっていった。わがチームのＦ税理士が、「先生、濡れちゃうので旅館に帰りますよ」と、他の弁護士と一緒に足早に姿を消していった。

どうして私は、この蛍と離れて、旅館に帰れるというのか。

この『出会い橋』の上での蛍の舞いは、天国の娘が私に元気な姿を見せてくれている。亡くなる2週間前の、11月3日のフェリス女学院の文化祭で私が見られなかった娘たちのダンスをいま、見せてくれている。そんな気がしてならなかったからだ。

私は一人残り、『出会い橋』のたもとの木の下で雨宿りをしていた。舞台の上で踊る踊り子たちの蛍の舞いを、このたった一人の観客席から見ていてあげようと思った。

すると、あの蛍の群れから離れて、一匹の蛍が、雨宿りをしている私のほうにゆらゆらとやってくるではないか。私の肩越しに上へ下へ、ゆっくりと舞っている。まるで夢を見ているようではあったが、私の意識ははっきりしていたから、これはたしかなことであろう。

私は心の中で声をかけずにはいられなかった。

「麻衣か？」

「麻衣だろ？」、私は娘の名を呼んだ。

一匹の蛍は相変わらず私の肩越しにふんわりと舞っていた。もちろん、蛍が言葉を発するものでもないが、そのゆっくりとした動きが、生前の娘の立ち居振る舞いによく似ており、とてつもなく懐かしい、そして温かな光のようなものに包まれたような気がした。

夜の『出会い橋』のたもとに降る五月雨の中、私は声を出して泣いていた。父親として、弁護士として、これまで人前で涙を見せられなかった分、思い切り泣いた。涙でにじむ蛍のぼんやりとした明かりが、漆黒の闇と対比して、余計に輝きを増していたようだった。

「ごめんな。お父さん、何もしてやれなくて」

人を守る仕事の私が、自分の子どもすら守ってやれなかった自責の念で、息が苦しかったとき、

「ううん、気にしなくていいよ。誰のせいでもないよ。皆、元気でいるの？　家族がやっぱ一番だよね。お母さん、早く元気になるといいね。お父さんも元気出してね。私は大丈夫。ほら、このとおり、友達もたくさんいるから。雨や風や光になって、いつもそばにいるから」

過去の記憶を消し去りたい、事実を受け止めたくない、正気であることをうらむ時期があっ

た。しかし、ようやく記憶を懐かしさに代えて生きていけるようになった。そうなるのには、6年の歳月が必要であった。私は、未来を絶たれた娘との絆をたぐり寄せ、記憶にあったはずの本物の風景の中で、温かな光に包まれてたたずんでいた。

しばらくすると、あれほど激しかった天城の雨が、すーっと上がっていった。するると、その蛍もスーッと私のそばを離れ、群れに戻って再び、仲間たちと楽しく舞い始めた。私は、胸のつかえがおりたような、懐かしさで旅館に戻った。

私が旅館に戻ると、私の帰りが遅かったのか、他の弁護士たちが、

「先生、どうしたんですか。帰りがあまり遅いので、道に迷ったんじゃないかって、心配していたんですよ。いまから捜しに行こうとしていたんですよ」。女性のK弁護士から文句を言われた。

『出会い橋』で亡き娘と久しぶりに会っていたんだということは、私一人の胸にしまっておこう。あの蛍たちも、明日には天に帰っていく儚き定めなのであろうから。

「すまん、すまん。出会い橋で雨宿りをしていたら、つい遅くなっちゃって。さあ、もう一度、風呂に入り直しだ。君らも入らないか」

『出会い橋』という橋のたもとでの、私と娘の不思議な、不思議な『出会い』であった。

その少し後、全国に先駆けて、日本政策投資銀行による旅館再生ファンド第一号、『落合楼

ファンド』が、S銀行の努力により実施された。そして、蛍の里、落合楼は、「落合楼村上」と名を換えて、文化と伝統を、そして命を引き継いで、志をもつよき主人らのもと、柱や廊下などを3か月間かけて心を込めて磨き直され、温かな心と優しさに包まれて再出発を始めたことは、周知のとおりである。

落合楼の蘇生は、U部長らS銀行の再生プロジェクトチームの功績であり、倒産に脅える地域の老舗旅館に勇気の灯を与えてくれたことに、弁護士として、そして父親として、感謝しないではいられない。

なお、この原稿は、JR西日本の脱線事故で尊い命を失った方々と、そのご遺族の方々に捧げたい。

会社救済ファイル 3

建物ではなくそこで営まれてきた人生を

——製造業の再生で「工場」をどう見るか

涙の雑巾

齢70歳を過ぎたその社長は、古い「工場」の片隅で泣いていた。「雑巾」を手にして肩を震わせて泣いていた。あのとき首を吊ろうと思ったこの「工場」で、新年を迎えられる喜びに感激して泣いていた。

さかのぼること約4か月。その社長が私どもの光麗法律事務所を訪ねてきたのは、夏も終わり、秋というには残暑厳しい9月20日であった。

話を伺うと、9月末日に手形決済3000万円があるが、どうしてもお金の都合がつかないという。どこに振り出したのかと尋ねると、相手は「高利貸し」だという。

その高利貸しとはどのくらいの付き合いなのか、畳み掛けて尋ねると、「もう十数年来の付き合い」だという。

「社長、10年以上の取引って、そんなに長く付き合っていたのですか？」

「ええ、あの当時はウチみたいな中小企業は、注文先の値段設定に応えるためにも、製作コストの安い中国へ進出するのが流れでした。しかし、中国（深圳）に進出した工場が、うまくいかなくて5年くらいで撤退。その穴埋めに借りまして、最初は1000万円ちょっとだったのですが、中国工場の設立等の準備のために1億円程のお金をかけまして、その失敗が本社工場の足を引っ張り、仕掛り在庫の処分やなんやかんやで、いつのまにかその高利にはまっていきました」

「話はわかりました。もしかしたら、社長、もう9月末日の手形の決済はしなくてもよいかもしれませんよ。それどころか相当額の返金請求もできるかもしれません」

「え、そんなことができるのですか？」

「最近、よく耳にする言葉ですが、『過払金返還請求』というやり方です。この消費者金融問題を専門に勉強されている弁護士の先生方の地道な活動と努力のお蔭で、最高裁等の裁判所でも次々に債務者支援の判例が出されています。

簡単に言うと、利息制限法という法律を基準に、貸出金額のうち、設定されている基準の上限金利を超える部分を不当利得あるいは不法行為構成として、返還してもらうという手続きです」

私は、社長から大まかな数字を聞き出して、ただちに当事務所のM弁護士にざっと計算してもらうと、あくまで概算ではあるが、3000万円近くの返還を請求できると試算された。

ただし、ことは「手形」である。単純ではない。なぜなら、その高利貸しが自己資金の調達のため、その社長から受け取った手形を第三者の手にゆだねている場合は、法律でいう「抗弁権の切断」の主張を使われ、法律で保護される善意の第三者を装って、全額の請求をしていく（取立てに回す）であろう。そして、会社がその手形代金を決済できなければ、いくらその手形はもう中身がないから無効だと抗弁しても、法律上は「手形不渡り」事故扱いとなるからだ。

手形決済日まであと10日。時限爆弾が破裂するまでタイムリミットは10日しかない。しかも、その高利貸しには、取引先に対する売掛金を債権譲渡する内容の白紙委任状まで渡していると言う。またまたハラハラドキドキの10日間が始まってしまった。

私は、早速件の社長に、「社長、まずはその高利貸しに連絡して、9月30日期日の手形をまだ高利貸しがもっているか否かを確認してください」と指示した。

9月21日。私は、その手形をいまだ高利貸しが保管していることを想定して、ただちに以下の内容の「手形取立禁止の警告書」を起案した。

あわせて、すでに手形が第三者に渡っている場合を想定して、「民事再生手続開始申立書」を起案するように当事務所のO弁護士に命じた。常に準備してこそ再生のプロと言えよう。

この民事再生手続開始申立書は、幸い当事務所には業種別サンプルが多数ストックされているので、作成には3日もあれば十分なのだが。

ただし、この「手形取立禁止の警告書」については、何らの法的拘束力はない。あくまで事実の確認と損害の発生を未然に防ぎたいとの趣旨説明の文書でしかないから、この警告書を無効に取り立ててくることも十分想定される。そうなれば、何もしなければ手形不渡り事故となり、倒産の引き金を引くことになりかねない。

しかし、幸い私はこうした事件をいくつか経験しており、これまで、手形の取立てにあった例はなかったことが私の自信につながった。文案はざっと以下のとおりである。

「会社がすでに相手方にこれまでの支払金額について計算し、過払利息を元金に充当していくと、元金はすでになくなっている可能性が高い、それどころかさらに過払金が発生し、返還の権利を会社側が有している。したがって、これまでの貴社との取引履歴を開示されたい。不開示は不法行為となる。このことは、最高裁判例等でいまや確立した理論となっている（周知の事実性）。

一方、手形債権というものは、原因債権の存在を手形面上に化体したものであるところ、その原因債権そのものが上記のとおり消滅しているのであり、当事者間でその手形は中味のない事実上無に等しいものである。これらの事実を相手も知ったうえで、万一、取立てに回して、会社が倒産に追い込まれた場合、当然のことであるが、多くの取引先を含め、多数の方々に対し、莫大な損害が発生する。

そうなっては、貴社は単に過払金を返還すればよいどころの話ではなくなる。

ついては、相手方からの取引履歴が開示され、現在での正式な借入残額が判明されるまでの間は、手形の取立てを一時停止していただけないか。

また、取引先への売掛金債権譲渡担保の通知についても被保全債権が過払い精算により存在しないことも想定されるので、無用な混乱を避けるためにも、譲渡通知の発送も、正確な被保全債権の存在が判明されるまでの間、差し控えていただきたい。正式な借入額が判明した後、弁済方法につき、誠実に協議する予定である」等の内容であった。

翌日の9月22日、社長から電話があった。手形はまだ高利貸しの元にあったという。

社長の話を聞いていると、このような危うい会社と十数年付き合ってくれた高利貸しである。こう言ってはなんだが、そんなに切れ者の高利貸しではないと読んだ。また、十数年も高利金融を続けてきたということは、それなりの「順法精神」をもっているからではないか、とも。

内容証明郵便の配達証明書が当事務所に戻ってきたのは、9月26日であった。

「しめた。この取立て禁止警告書が高利貸しに届いたということは、相手はこの手形の中味が実はもうないのだという事実を知ったということだ」

そして、私の読みがあたった。それほど悪い高利貸しではないことが幸いした。

弁護士からの「過払金返還請求の予告」文書の効果は絶大であった。

9月30日、手形は取立てにまわされずにすんだ。というよりも、もともと商取引上の決済手段として振り出した手形と異なり、いつでも手許に保管していて、3か月ごとの書換えのときに新しい手形と交換して、そのつど、利息(高利)を頂戴している手法なのだ。さらに過払金の返還については話し合いをしていきたいと先方より申し出てきた。

私が、「売掛金債権譲渡の白紙委任状」の返還を和解交渉の最低条件としたことは、当然である。

支払いを迫られていた3000万円の手形が消え、加えて将来、3000万円の過払金が返ってきたら、しめて6000万円の回収となる。これは会社再建にとり、大きな意味を有している。

このお金を人員整理のための退職金等、有効な「事業リストラ資金」に使い、あわせて取引銀行には会社の内情を正直に話して「リ・スケジュール」のお願いをすることで、まず、「手許資金」の充実が図れ、会社の事業再生の基礎はつくれるからだ。

何をするにも先立つ「お金」（現金）がなければ、事業再生すらもできない。

件の社長は手形の恐怖から解放され、銀行にも正直に会社の懐具合を知らせ、返済金額を当面「金利相当分」にしてもらったことから、10月には本来なら底を突く資金が、逆に余裕をもって11月を迎えられることとなった。

12月には、年末需要とも相俟って、どっと入金が多い余裕のある資金繰りであったから、9～11月の「資金欠乏期」をいかにして乗り切れるかが、この会社の「明日にかける橋」であった。

大晦日には、会社工場の大掃除が行われた。何十年かぶりに社長も作業着を着て雑巾を手にし、社員たちと一緒に便所や作業所の大掃除をした。ごつごつした太い職人の指であった。

9月半ば、当事務所に来たときには、『いよいよ、今年は越せそうにない。もうダメだ。30年使ってきたこの工場も借金のカタに他人に取られてしまう。高利貸しから足を洗えない自分が悪い。自分のせいで、従業員たちを路頭に迷わせることになる。会社が潰れる。皆に申し訳ない。いっそ、この工場で首を括ろう』、そう覚悟を決めていたそうだ。

しかし、この自分が手塩にかけて育てた、わが子同様のこの工場でいま、こうして大掃除ができている。この「大掃除ができる」という事実は、他人から見ればどうってことのないことであろう。しかし、当該社長にとっては、感激はひとしおだったはずだ。

このような気持ちは、そうした境遇になった人でないとわからない。年も暮れた夕暮れの工場の中、社長の手にある固く絞った「雑巾」が、社長の涙を吸い取ってくれた。

ある保証協会の冷ややかな対応

このように中小企業の経営者にとっては、その商品の生産拠点となっている工場はわが子のようにかわいく、いとおしいものだ。起業し、さまざまな困難を乗り越え、金融機関の信頼を得て、融資をしてもらう道筋だけでも相当な苦労があったろう。そのようにして完成した工場である。自分の「魂」が入っていると言っても過言ではない。

しかし、ある別の案件ではこのような隠された過去の経緯をまったく気に留めず、形式的処理がなされた案件があるので、対比してここに掲載する。

ある民事再生手続きのことだ。

債権者集会でも賛成票を投じてくれ、支援協力を表明していた地元信用金庫から電話が入った。

「先生、某保証協会に代位弁済の手続きをしましたので、まもなく再建会社に対する債権が、代位弁済で保証協会に移ることになりました」

私は不安がる社長に、「社長、心配しなくて大丈夫ですよ。今度は政府系の保証協会さんです。一生懸命返済をお願いすればきっとわかってくれますよ」と伝えるとともに、新たな債権者となった保証協会へ、社長を同行して再生支援、協力のお願いのために挨拶に伺った。

ところが、「A社の再生に対する理解、支援については、調査のうえ、当協会独自の判断で決めさせてもらいます」と、30代半ばくらいの若い担当者が、マニュアルどおりの挨拶をしてきた。

ここまではよくある話だから驚かないが、以下の回答には、言葉が詰まった。

「ところで、A社の製造工場は、A社社長の父親の個人の建物です。いわば、第三者提供担保ですね（さらに父親は地主よりその土地を借りている）。再生債務者の所有物に担保を設定している権利者という、『別除権』の概念に該当しませんよね。先生方から提出された『別除権受戻し協定』の対象にはなりません。先生は専門家だから、そんなことは当然わかりますよね。

民事再生手続上の別除権者ではないから、当該担保物を早急に処分して、その処分代金を当協会の代位弁済の返済に回してほしい。それに、先生方の借地権の評価（担保の評価）は低すぎますし、その価額をもっても、A社の自力収益弁済での期間15年も長すぎます。とても検討する内容ではありません。このままでは、当協会としては、担保権の実行手続きを取らざるを得ません。再検討してきてください」

と、資料に目を通しながら、無表情で淡々と説明していた。それに対し、私の横で一緒に聞いていた社長の表情は硬く、強張っていた。

私は、その無機質的な物言いを、半ば唖然として聞きつつ、次のように言葉を返した。

「保証協会さんの債権回収の姿勢は、よくわかりました。しかし、本件は、借地工場の全額をすぐに肩代わりしてくれるようなスポンサーがついてくれる案件ではありません。当該工場は、A社の商品供給工場として、A社の再生にとって必要不可決です。A社の工場がなければ、再生の絵すら書けません。それに、A社で働く従業員やその家族の生活の糧となっている大切な工場です。

この工場がなければ、A社の商売は成り立ちません。ですから、民事再生手続きで有利子負債を大幅にカットして、適正規模の借入に圧縮したことで、A社の体力は回復でき、十分に収益弁済が可能となっています。しかも、借地権の評価は、大手信託銀行の不動産見積りであり、客観性、信頼性があり、加えて、保証協会の協力支援の理解を得るため、私どもでも近隣相場より相当高く評価しているのですよ。評価が高くなる分だけ、自ずと保証協会への返済期間は、

10～15年前後かかるのは仕方ないことを、前向きに理解してください。従業員らの生活もかかっているのです。収益による『長期弁済』の返済計画についても、ぜひ理解していただけませんか」

「いや、本担保物は、『別除権』としての受戻し扱いはできません。第三者による提供担保物件なのだから、保証履行の一環として、早急に処分して返済されたい」

あくまで、第三者提供担保と、再生債務者本人の所有物に担保設定している別除権者とは、扱いが異なるという形式的な姿勢だ。私にはまったくわからない論法であった。

私が「第三者提供物であっても、相当なる機関を利用して客観的な担保の評価をして、その額を返済すれば、担保を抹消する弁済協定書は過去、何回も保証協会とつくっている」と言っても、らちが明かなかった。

そこで、「わかりました。一度、事務所に持ち帰って、担保の評価と返済期間の見直しをしてみます」と告げ、保証協会を後にした。

保証協会より、A社の再生手続き上、必要不可欠なこの工場に対し、乾いた紙に書かれた「担保権の実行の通知」が届いたのは、その数日後だった。

工場は多くの人生を飲み込んだ生き物

「工場」。何の変哲もないコンクリートの塊。あるいは古ぼけたスレート葺のプレハブ建物。

無機質の箱のように見えるその建物にも、実はさまざまなドラマが生まれている。「過去」の血と汗の結晶から生まれた建物の中には、「現在」の数々の人生と生活、そして家庭（家族）がある。

その工場から生み出される商品を手にした消費者にもまた、その商品に対する思い出が生まれる。これらの「未来」をいっきに奪ってしまい、幕を閉じさせる一括奪取方式の『競売』は最後の最後の手段であるべきではないか。

債権回収が大切なことは否定しない。しかし、その「手段」は重要である。多くの関係者が泣くこととなるような「手段」は、それしか方法がなくなった最後の最後にしてもらえないだろうか。

長期ではあるが、弁済の意思、誠意を示し、その履行の確実性を主張している債務者をどうして無視するのであろうか。その検証の機会さえ与えられないでいきなり、競売の申立てはいかがなものだろうか。そこまでして、ただちに回収しなければならないのだろうか。5年、10年という時間の中で、じっくり回収することがどうして否定されなければならないのか。

対象物件は逃げはしない（もちろん、値上がり、値下がり等はあるだろうが）。また、われわれ弁護士がついているのだから、担保権実行の妨害行為などしはしないし、させない。いますぐ担保権を実行せずとも、履行不能となってから担保権を実行しても、人間の尊厳としてふさわしいのではないか。

そして、何より、相手は生身の人間であり、従業員の家族らが生活のよりどころとする「場所」である。

本件の、某保証協会の対応を批判しているのではない。

地方の銀行の中には、弁護士が再生に介入したというだけで、形式的、画一的に競売のスイッチを入れてしまう（そういうマニュアルとなっていると弁明されるが）ところがあるのを私は知っている。

対象担保たる「工場」は決して単なる無機質のコンクリートの塊などではない。そこで生まれる数々の人間ドラマ、人生、幸福はきわめてヒューマンなとても温かい対象物である。否、生き物である。極論すれば、血の通っている生き物という点にまで、洞察力を働かせて、「債権回収」と「担保処分」との「協調」ができれば、多くの方々の人生の平穏は保たれるのである。

私は、これからも若き担当者らに、彼らが歩むであろう「人生」を通じて、彼らの「人間」としての成長を期待したい。そして、いつの日にかは、本件の結末を省みてもらいたい。それが、彼らがいつの日か家族をもち、子どもをもったときに「家族」という意味の何たるかが、初めてわかるのではと思うからである。

企業再建は人生の再建そのものだからである。

会社救済ファイル4

捨てる神あれば拾う神あり
――RCCの更生申立てで始まった名門ゴルフ場復活

深夜のドライブ

もしかしたら、私の乗っているこの車は、どこかに突っ込んで、私は死ぬのではないか。ある名門ゴルフ場の会社更生申立事件。保全管理人に着任した直後、社長からの事情聴取を終えてのゴルフ場からの帰りのこと。午前0時を過ぎた深夜の高速道路を、東京に向かって猛スピードで運転中の社長の車の助手席に座っていた私は、本気でそう感じた。

スピードメーターの針はゆうに120キロを超えていた。真暗闇の高速道路。前方に車は見当らない。

運転している社長は、興奮のためか、ぐんぐんとスピードを上げていく。まるで事故になってもも う構わない、とでも考えているかのように、猛スピードを出し続けていた。

ただ、私も、死を否定していない時期であっただけに、死んだら死んだでしょうがない、と開き直って、フロントガラスに映る真暗闇の高速道路を無言で見据えていた。

突然の会社更生申立て

「先生。東京地方裁判所、民事第8部のO裁判官からお電話です」

秘書からの電話を受けて電話口に出ると、8部のO部長（裁判官）からであった。

「先生に更生管財人を頼みたいので、今日か明日にでも裁判所に来ていただきたいのですが、ご予定はいかがですか。本件は、債権者からの申立ての事件で、債務者たる会社側の協力が得られるかわかりません。少々厄介な事案ですが……。やっていただけますか」

債権者申立て、しかもゴルフ場事件と聞いて、一瞬、不安が頭をよぎったが、「わかりました。スケジュールを調整して、本日の午後4時にお伺いします」と返事をした。

プロトーナメントの会場にもなっている、関東近県のゴルフ場の会社更生事件が、いま始まろうとしていた。それもその当時ではきわめて珍しい、債権者申立ての会社更生事案であった。

私は所用をすませ、約束どおり民事第8部の控室でO裁判官を待った。

「先生。実は、RCC（整理回収機構）が大口債権者で、今般、RCCより会社更生の申立てがなされました。RCC申立ての事案としては第一号事案となります。債務者会社は、まだこのことを知りませんが、一般の債務者側から自発的に申立てされる事件と異なり、債権者、しかもRCC申立ての事件です。債務者側からの相当な抵抗があると予想されます。調査も難航すると思われます。そこで、倒産事件の経験の豊富な先生にお願いしたいのですが、やっていただけますか。

ところで、昨年の12月の参議院の委員会での先生の答弁では、RCCに再建の権限を付与させることに対しては、否定的なひと言をお持ちのようですが、その点はいかがですか」

O裁判官は、にやりと笑顔で聞いてきた。

「たしかに、RCCのこれまでの強権的とも言える債権回収の仕方には、私なりの意見をもっておりますが、更生管財事件での管財人は、ある種、公の立場ですから、RCCによる債権者申立てだからといって、特別どうのこうのということはありません。あくまで衡平、公正、透明に行うつもりです」

それにしても、これまで回収一本やりであったRCCに再建機能を付与することについて、第153回国会の参議院の委員会で私が話したことまで裁判所が知っているとは、驚きであった。

「ただ、RCCによる債権者中立事案としては、これまで東京地裁では前例がなく、初めての事案です。とくに申立てから開始決定までの保全状況が、会社再建にあたっては、その成否を決めるほど重要です。申立人たるRCC側からも数人程度の応援をお願いできますか」

私は、申立代理人のS弁護士に人員面でのサポートをお願いした。RCC側も、規模的にも大型案件であり、初めての試みであるだけに、なんとしてでもこの申立てを円滑に行いたいとの思いから、私の申し出に快く応じていただいたことはありがたかった。

「では、2日後に債務者会社の社長を呼び出して審尋をして、先生に保全管理命令を発令することとします。先生、くれぐれもRCCと仲良くやってくださいね」

怒り心頭だった社長

審尋の最中の社長の顔は、憤りで硬直していた。

それはそうだろう。これまで弁護士を介して、ゴルフ場の収益を返済原資とする超長期間の分割弁済方法で話をしていたものの、交渉が頓挫したら、いきなり更生の申立てをされてしまったわけだから。私だったら、相当頭にきているはずだ。会社更生手続きは、経営者を排除する手続きである。これまで手塩にかけ、育て上げた自分の子どものようなゴルフ場の、その社長の座を奪われることになる。こうなることを社長は果して予期していたのだろうか。否、予期してはいまい。無理矢理、家から追い出されるようなものだ。それが、この裁判所の審尋での憮然とした態度に表れていたのであろう。

しかし、他面、会社更生の申立ても秘密裡になされなければならない。重要な帳票類が破棄、隠匿される懸念もあるからだ。私は社長に、保全管理人は、裁判所から任命された公の立場であって、決して債権者たるRCCのまわし者ではないことを強調し、今後の調査にぜひ協力していただきたいとお願いした。調査に協力せず、書類を破棄したり、隠匿したりすると罰せられることもあわせて説明しておいた。そして、翌日には1日時間をとって、件のゴルフ場に視察に行くので、お疲れのところ申し訳ないが、社長もゴルフ場に来て、われわれの事情聴取に協力してほしいと依頼した。心労のためか、社長の目はうつろだった。

視察に訪れたゴルフ場は、さすがにプロトーナメントが行われるだけのことはあって立派だった。ツアープロが選ぶベスト50のゴルフ場として、各部門の上位10位以内に毎年ランキングされており、相当なるお金をかけて、そのポリシーといまがあることは、想像に難くなかった。ゴルフ場での社長は雄弁であった。1を聞くと、興奮して10も20も答えが返ってきた。そのため、事情聴取も夜の12時過ぎになり、そろそろ帰宅する時間となった。社長は、自家用車で東京まで運転して帰るという。しかし、この3日間のできごとで、社長は失望と不安と興奮で自暴自棄になっているようにも見受けられた。

この状態のまま、深夜の高速道路を一人で運転させて帰ってたら、おそらく心ここにあらずで、事故につながる可能性が高い。否、自ら事故死を選択することだってあり得る。債権者、それもRCCに会社更生を申し立てられたということは、債務者にしてみれば、いきなり頭をガーンと殴られたほどの衝撃だからだ。もう、これ以上、人が死ぬのを見たくない。私の使命感がそうさせたのかどうかはわからないが、彼を一人で帰らせるわけにはいかなかった。

「社長。私も同乗させてください。私も東京の事務所に寄らなければなりませんし、車の中で、もう少し聞くことがありますから」

こうして私と社長は、冒頭の「深夜のドライブ」となった。もちろん、シートベルトを点検したのは言うまでもない。なんとか無事、東京に着きそうだ。

東京に近づく頃合いを見て、私は言った。社長の今後の行動が心配だったからだ。

「社長。もし、よかったら、私の事務所に寄っていきませんか」。半ば強引に社長を私の事務所に連れていき、私が書いた本をいくつか渡した。いずれも一度は倒産した社長たちが、再び頑張って再起を果した内容の本だ。私は、社長に言った。倒産したとしても、命だけは落とすなと。

そして、こんなときにこそ、会社再建に強い専門弁護士に相談することが、賢者の選択であること。あなたにはゴルフ場運営の手腕とノウハウがあるのだから、捨てる神あれば拾う神ありだと。また、「人間」として「家庭人」としての誇りをもって、人間らしく生きていくことこそが大事であること。決して『命』を粗末にしてくれるなと、強く念を押した。

少しだけ、私に心を開いてくれたのか、人なつこい笑顔を見せて、社長が私の事務所を出て行ったのは、午前2時を少し回った頃だった。とりあえず、今日は事故にも遭わず、無事、東京に戻れたことに感謝した。

スポンサー選定作業

私たち管財人団は、ＲＣＣに対し、本件がＲＣＣ側の事情で会社更生手続きを選択し、債権者申立てという、再建手続きとしては、それまであまり例のない手法を用いたのだから、スポンサー候補者の発掘並びにスポンサー候補者らの信用調査等、協力をお願いした。

また、われわれは、当ゴルフ場のスポンサーになる条件として、ゴルフ場の買収金額もさることながら、雇用の継続とその地位の劣悪化の防止、ゴルフ場の管理等のレベルアップを図り、決してゴルフ場のグレードを劣化させることのないこと、また、とくにゴルフというスポーツを向上させるためにも、ゴルファー予備軍の育成、青少年の健全育成の手法の一つとして、当ゴルフ場が青少年のゴルフ活動を通して育成に協力すること等、いくつかの条件を提示した。

その後、数社がスポンサー候補者として名乗りを上げてきた。その中でも、アメリカでコーチングをマスターし、青少年の教育にはゴルフにて培われる精神力が適している等の持論を有する人物を主要スタッフとしていた、日本の投資会社が興味を示していた。

また、買収額については、大口債権者であるRCCや商社らと協力して決定した20億円を最低ラインとして、それを上回る金額を提示していたところに、優先面接交渉権を与えるという二段階構成でスポンサーを募集した。

すると、件のスポンサー候補者が、われわれが提示した額をはるかに超える金額を買収額として提示してきた。他のスポンサー候補者らが提示した額を大きく凌駕する金額であった。その会社の身元につき、RCCに調査を依頼したところ、格別怪しい会社ではないという。某外資の大手ファンド会社の創業者一族の個人財産の管理会社であり、その運用額は100億円を超え、しかも、オーナー家の個人の資産管理会社ゆえ、判断がきわめてスピーディーであるというのが魅力であった。再建事件やスポンサー決定にあたっては、迅速性を要求されているからである。

彼らが提示する破格の買収額が支払えるか否かについて、その資産の現実性を確認したところ、数日後に、大手都市銀行が発行する数十億円の預金残高証明書の交付を受けた。債権者たるRCCや大手商社、大手都銀にこの経緯並びに大手都銀発行の預金残高証明書を見せて意見を伺ったところ、皆、この会社がスポンサーにふさわしいとの意見で一致した。

裁判所にその旨を報告し、裁判所としても、債権者申立ての会社更生が混乱もなく、また、これまでのゴルフ場の買収額をはるかに超える破格の金額を提示されたことに好感を示し、このスポンサー候補者で手続きを進めることに了解を得られるのに、そう時間はかからなかった。その スポンサー候補者の事務所が、丸の内の銀行会館内であることも安心材料となっていた。

われわれ管財人団は、このスポンサー候補者らと守秘義務契約を結び、スポンサー候補者側にも資産の査定（デューデリジェンス）をしていただくため、スポンサー側が用意した経歴によると、ものすごい大物公認会計士に、当職の補助者たる公認会計士による調査報告書および一連の資料を開示し、何度もその質問を受け、数回の面接交渉のうえ、デューデリジェンスを終えた。

また、地元の行政や地権者らとの法律上の問題点をいくつか抱えていたことを認識したうえでの瑕疵担保条項のないスポンサー契約を締結した。その契約書の中で、更生計画案における一括弁済の都合上、保証金（デポジット）として、買収金額の10％を2か月以内に私の用意する管財人口座に入金していただくことにした。念のため、預金残高証明書をスポンサー契約の前日にも確認したが、相変わらず巨額の預金残高が示されていたことは、われわれ管財人を安心させるには十分であった。

不安にかられ預金差押え準備

ところが……、である。

保証金の入金期日があと10日と迫ったある日、スポンサー候補者の社長から、「資金の拠出先の海外にいるオーナー家と連絡を取ったところ、オーナー家が他のゴルフ場を物色して、保証金をわれわれ管財人側に渡すのを躊躇しているので、先生に渡す保証金の入金時期をもう少し待ってくれないか。説得してみるから」との申入れがあった。

とんでもない話であるが、オーナー家と運用会社との話に微妙なズレがあるのだろう。1か月ほど延期することの許可を裁判所やRCCに伺ったところ、まあ、それくらいの延期なら買収金額が破格なだけに猶予してやろうじゃないか、ということになった。

それでも、延期したその日になっても、いっこうに保証金を支払ってこない。

それならば、5％でもいいから払えないのか、と質問すると、もう1か月延期してくれたら必ず用意する、との回答。われわれ弁護団は再度、裁判所に許可申請を行わざるを得なかった。

いよいよ、更生計画案の採決の日が迫ってきた。さすがに、われわれ管財人団も気が気でなくなってきた。

更生計画案の可否を問う、更生事件の利害関係人集会も賛成可決と無事終わり、後は更生計画案認可決定確定後に訪れる配当日の一括配当を残すだけとなった。

配当期日の2か月ほど前になって、スポンサー会社から、「ゴルフ場再生ファンドを立ち上げて配当資金を集めたい」との申入れがあった。どうしても大手都銀にプールしてある例の預金を、本件のゴルフ場の買収資金として使えない事情ができたという説明である。

しかし、スポンサー契約は、スポンサー面接を得たうえでの裁判所の許可のもとに締結しており、大口債権者らの承諾も得ている。ましてや、更生計画案も可決され、認可決定も得ている。スポンサーの気まま、勝手な変更は、法律上も許されない。

私は、「スポンサー会社のほうで、どのような方法で資金をおつくりになるかは自由でしょうが、認可決定が確定して、更生計画案の配当履行の義務を負っていることは明確です。裁判所の判決と同じ効果が出ているのです。どんなことをしてでも、配当を実施していただきたい」と、スポンサーの気分に振り回されるのは御免こうむりたいと釘を刺しておいた。

数週間後、「先生、ファンドを立ち上げましたが、募集期間までに予定した資金が集まりませんでした」と、スポンサー会社の社長が、困ったように報告してきた。

「でも先生、この次こそは大丈夫です。ヨーロッパの有名な大手外資と組んだ再生ファンドを募集してみますから、もう少し待ってくれませんか」

そう言って、大手外資のパンフレットと担当者の名刺を見せてきた。

「社長。更生計画案というのは、裁判所が関与し、すべての利害関係人の調整のもと決定された、命の次に重たい計画ですよ。更生管財人としては、配当期日を遅らすことなどできませんよ」

私がこの経緯を裁判所に報告すると、裁判所も不安なのか、スポンサー会社の社長と面接したいということになり、社長を同行しての裁判所での面接となった。

「本当に資金手当は大丈夫なのですか」

「資金はあるのですが、資金を拠出するスポンサーの支払許可に手間取っているのです。裁判所の意向を再度伝えてきますので、もう少し時間をいただけませんか」

「本件の更生計画案は、一括配当にて終了する計画です。配当期日まで、もう時間は多くありません。大至急交渉のうえ、管財人まで回答するように」との意見が出された。

スポンサー会社の社長のヒアリングを終えた後、社長を帰し、O裁判官と二人っきりで会話した。

「先生、配当の件は大丈夫ですかね」。大丈夫かと尋ねられても、私も内心、不安があった。

「これまでの経緯から見て、必ず大丈夫とは言い切れません。ただ、更生管財人として、黙って見ているわけにはいきません。万一の場合は、スポンサー契約に基づいて、禁じ手ではありますが、大手都銀にある数十億円の預金から回収することも考えざるを得ません。あるいは、更生計画案の変更申請のうえ、再度スポンサー候補者を選定するか、スポンサーなしの自助努力により10年の収益弁済をするか、再度ＲＣＣ等大口債権者と協議してみます。それとももう一つ、あの預金残高証明書が、万一、偽造だとしたら……。とにかく調査してみます」

「先生方も大変だと思いますが、宜しくお願いします」

私は管財人団を集め、数十億円にのぼる預金差押えの準備を始めたことは言うまでもない。

ホワイトナイト（救世主）登場

配当日まであと2週間に迫ったある日、スポンサー会社の社長が弱り切った顔をして、当事務所に訪れた。

「先生、粘り強くオーナーに話をして説得しているのですが、いまだ理解が得られません」

「あの有名外資のファンドは、どうなったのですか」

「やはり、募集金額にあと少し届かなかったのです」

「また、ファンドを立ち上げますか」

私はもう、うんざりしていた。もしかしたら、ゴルフ場を買収して、転売して、利ざやを稼ぐつもりだったのか？　もし、そうだとしたら、あの預金残高証明書はなんだったのだろうか。刑事告訴も考える必要があるかと考えていた。

「いや、先生、今日はいい話を持ってきました。私どもが締結したスポンサー契約とまったく同等の条件か、それ以上の好条件のスポンサーが見つかりそうなのです。いまはまだ名前は出せませんが、先生、そのスポンサーと一度会ってくれませんか」

「ホワイトナイトですかね」、私はうんざりした表情で言い放った。

「ええ」

この時点では、私はこの社長の話をまったく信用していなかった。

しかし、話はどう転がるかわからない。その2日後、「ホワイトナイト」から会いたいとの申入れがあった。幸い、デューデリジェンスの書類は用意できているので、その調査に1週間ほどあればよいという。「ホワイトナイト」は私もよく知っている会社であり、私たちがすでに提示した条件をすべて了承する内容で、交渉がまとまった。この間、わずか3日間である。

件のホワイトナイトは、すでにゴルフ場をいくつか取得しており、ゴルフ事業における〝核〟(コア)となるゴルフ場を物色していたところ、プロからも絶賛され、コースコンディションも優れている、私が関与していたゴルフ場がその条件にピッタリだったのであろう。なんたる巡り合わせであろうか、捨てる神あれば拾う神ありだ。

配当日の3日前、私の管理口座に数十億円の入金を確認した。銀行を出ると、私は大きな安堵のため息をつき、天を見上げた。空に浮かぶ白い雲の向こう側に向かって、こう伝えた。

「ありがとう。なんとか配当期日に間に合ったよ。お父さんを助けてくれて、ありがとう。そろそろ、お父さんもゴルフをやってもいいかな」

私は事務所に戻ると、用意した数十億円の預金差押えの書類をビリッと破り捨てた。そして、裁判所に電話をした。

「たったいま、入金を確認しました」。一番喜んでいたのは、O裁判官なのかもしれない。

RCCにも電話をした。「本当ですか。よかったですね。先生、ありがとうございます」。RCCも、今後の債権者申立ての会社更生事案に生かせる、貴重な体験をしたのではないか。しかも、予想外の高額な債権回収額になったはずだ。

後日、裁判所に報告にうかがうと、O裁判官から、「ご苦労様でした。それと先生、RCCと仲直りできたみたいで、よかったですね」と、にやりと笑った裁判官の笑顔がいまでも忘れられない思い出である。

名門コース健在なり。その年の2002年、どうにか無事に開催されたツアートーナメントが第20回の記念大会であった。またも「222」という数字（亡き娘の誕生日）が、私の窮地を救ってくれた。ゴルフを楽しむ私としては、今度は更生管財人という職を離れて、ぜひ一度プレーしてみたいゴルフ場である。

第 II 部

不合理な反対

――弁護士としての正義とは――

弁護士としての正義とは

銀行法

（目的）

第一条　この法律は、銀行の業務の公共性にかんがみ、信用を維持し、預金者等の保護を確保するとともに金融の円滑を図るため、銀行の業務の健全かつ適切な運営を期し、もって国民経済の健全な発展に資することを目的とする。

2　この法律の運用に当たっては、銀行の業務の運営についての自主的な努力を尊重するよう配慮しなければならない。

中小企業者等に対する金融の円滑化を図るための臨時措置に関する法律

（目的）

第一条　この法律は、最近の経済金融情勢及び雇用環境の下におけるわが国の中小企業者及び住宅資金借入者の債務の負担の状況にかんがみ、金融機関の業務の健全かつ適切な運営の確保に配意しつつ、中小企業者及び住宅資金借入者に対する金融の円滑化を図るために必要な臨時の措置を定めることにより、中小企業者の事業活動の円滑な遂行及びこれを通じた雇用の安定並びに住宅資金借入者の生活の安定を期し、もって国民生活の安定向上と国民経済の健全な発展に寄与することを目的とする。

民事再生法

（目的）

第一条　この法律は、経済的に窮境にある債務者について、その債権者の多数の同意を得、かつ、裁判所の認可を受けた再生計画を定めること等により、当該債務者とその債権者との間の民事上の権利関係を適切に調整し、もって当該債務者の事業または経済生活の再生を図ることを目的とする。

会社更生法

（目的）

第一条　この法律は、窮境にある株式会社について、更生計画の策定及びその遂行に関する手続きを定めること等により、債権者、株主その他の利害関係人の利害を適切に調整し、もって当該株式会社の事業の維持更生を図ることを目的とする。

債権者である銀行は、『銀行法第一条』を思い出してほしい。

己の仕事が公共性を有し、だからこそ、その業務が国民経済の健全な発展に資することを最終「目的」として、仕事をしていることを。

この第一条の根底には、公共性ゆえに「慈悲」の心が前提となっていることを。だから、目の前の「会社」が真摯にかつ誠実に再建を目指しているならば、この「目的」をもって銀行が支えとなってあげなければならないことを。


債務者である経営者は、『民事再生法第一条』『会社更生法第一条』の「目的」を知ってほしい。

再建の法は、利害関係人の権利関係を調整し、当該会社の事業の再生を図ることを目的としていることを。

だからこそ、倒産という局面では、債権者は自分の利益のみ追求してはならず、慈悲の心で会社の再生を見てあげることを。

多くの債権者が自己の利益のみを主張し、ぶつかり合うという困難な再建に対し、その法の目的ゆえに、「調整」機能を発揮し、法的、私的再建を問わず、解決の後押しと支えとなってくれることを。

会社救済ファイル 5

四面楚歌、頼みの綱さえ切れかけて……

――一度はすべての銀行から見放された製氷会社の蘇生

真夏の青空に白球が飛んで行く。今年も甲子園球場で、全国高校野球大会が行われている。40年以上も前になるが、野球少年であった中学2年生の私は、夏休みに母にせがんで甲子園に連れて行ってもらった。私の地元の代表、静岡商業が決勝戦に進出したからだ。

相手は大阪の興國高校。静岡商業のエースは、1年生の左腕、新浦（後に読売ジャイアンツのエースとなる）。試合は最後まで息詰まる投手戦であった。残念ながら、1対0で静岡商業が負けてしまったが……。

外野席から見る甲子園はあまりにも大きく、あの暑さの中で食べた「かちわり」の味は、何の変哲もない氷水であったが、いまでもあの暑さとともに忘れてはいない。この興奮こそが、私をいつかは甲子園でプレーしたいと高校、大学と野球の道に進ませたと言っても過言ではない。

本項は、この「かちわり」と同じく、家庭用の氷を製造する製氷会社の再建物語である。

お盆休みが明け、セミが今年も最後とばかりに一斉に鳴き出した猛暑のある日、それは1本の電話から始まった。

「先生。私の甥がやっている会社が苦しんでいます。私もあかんと思っておりますが、一度診断してもらえませんか」

別件で私が私的再建している、大阪の八尾市にある会社の顧問社労士さんからの電話であった。幸い、大型再建事件も無事山を越え、比較的時間がとれそうな時期であり、「事件を引き受けるかどうかわからないが、会ってもらえるだけでも構わないから」との頼みを断り切れず、お会いすることとした。

事務所でのヒアリング

長身で紳士然として穏やかそうな社長が、いかにも弱り切った顔をして、ハンカチで額の汗をぬぐいながら、下を向いて話し始めた。

「当社は、家庭で使う飲食用の製氷会社で、大手スーパーB社を中心に全国展開していき、とくにそのグループ会社のコンビニC社に納品してきておりました。業績も順調で、C社の全国展開の拡大とともに、当社の製造能力を高めるために工場を拡張し、旧工場を建て替えるだけでなく、併せて新たに第二工場を新設し、売上高は15億円規模に達しておりました。

ところが、C社がB社系列から別の商社グループ系列へと資本系列が変わると、その商社グループは、配下に大手製氷メーカーを有していることから、徐々に当社との取引が縮小され、結果として取引終了となってしまいました。

それは、資本系列が変わったのですからやむを得ないとしても、痛いことに、C社への売上が当社の売上高の70％近く占めていたのです。C社への取引終了の結果として、15億円の売上が5億円にまで落ち込んでしまいました。売上高が半減どころか、70％以上も落ち込んでしまったにもかかわらず、工場新設の借入金がいまだ多額に残っており、その返済に窮しておりました」

私は、売上高依存率の甘い誘惑にはまってしまった社長を責める気にはならなかった。大口取引先との安定的取引を望むのは、人間として当然のことだからである。

「そこで、1年ほど前から銀行団にC社との取引中止の事情を説明し、返済額について『リ・スケジュール』をお願いし、返済を一時停止してもらっていたのです。その間、メインバンクのD銀行の助言と指導を得て、当社の向こう3年間の事業計画を作成したのです。

ところが、スタート時は年間7億円の売上増計画を立てて、D銀行の了解を得たのですが、当社の見込みが大変甘かったのか、当社の新規製品の事業化の遅れと、思ったほど消費者に好まれなかったこと等が重なり、計画した大口取引先との新規開拓が遅々として進まず、計画の7億円の売上高を大幅に下回る、4億円前後の売上すら達成できるかどうかになってしまいました。

当社の製品は、家庭用の氷という季節商品ですから、夏の期間に稼いで、冬の赤字を埋め合わせするという、季節型の資金繰りを組まざるを得ず、D銀行に了解を得た7億円の売上高の事業計画に基づき、資金の不足する3月、4月にD銀行から運転資金として、新たに8000万円の融資をしていただきましたが、それも5～7月で使い切ってしまい、売上高は計画の半減となり、7月に仕入れた取引先に対する9月末期日の手形決済資金がどうしても用意できません。

D銀行はカンカンに怒っていて、『先日、支援資金として融資した8000万円をいますぐに返してほしい。それを返してくれなければ、新規融資はできないし、今後の支援などできない』と言っております」

私は、社長の話をメモにとりながら聞いていて、ニューマネーを借り入れた社長にも、貸し出した銀行にも、苦言を呈さざるを得なかった。

「社長！　社長の『当社の実力はこんなものではない。いまにきっと従来のような全国展開を再開できるし、新設の工場の稼働能力をもってしては、売上高7億円は十分に達成できると見込めると思いたい』との気持ちは理解できます。

しかし、これまでの話を聞くと、貴社の営業力は、これまで幾多の試練に耐えて鍛えられた本物の営業力ではありません。たまたま、大手スーパーB社という超大口の取引先と関係がもてたことから、その配下で全国展開するコンビニC社という超優良企業と契約ができていたにすぎません。1件、1件、地道に営業をとってきた会社ではありません。計画上では、新規大口開拓により、3億円くらいの取引を計上していますが、計画時にどれほどその商談がまとまっていたか疑問ですし、外食産業が華やかなりしいまの世の中、一般のサラリーマンが家庭に回帰することは早計すぎます。私に言わせれば、夢と期待が入りすぎた事業計画でしかありません。

むしろ、来年度の事業計画は、現実に戻り、本年度より低めにとってこそ、堅実な事業計画です。私の事務所であったら、売上高7億円どころか、その半分の3億5000万円の売上高からスタートするでしょう。そして、その根拠、理由を、銀行に十分な調査資料を示して説明するのです。銀行は唖然とするか、かなりがっかりする内容となりますが、正直ベースで作成する以上、当然の結論です。

プロである銀行が7億円の事業計画を了承し、それを遂行できると判断して、不足の運転資金として8000万円を貸し出したのですから、貸出しを決定した銀行の判断が、プロとして少々甘かったとしか言えませんね。それはそうとして、9月の手形決済はどうですか」

「ですから、銀行に融資をお願いしておりますが……」

「ムリですよ。融資は出ませんよ。それよりも、この資金繰り表から見ると、9月末どころか、8月末の手形決済すら危ないですよ」

「どうしてですか。8月末の手形決済は2000万円ですが、D銀行の当座預金に2500万円の預金がありますから、資金繰りはつくはずですが」

「社長。D銀行からは、4月に融資を受けた8000万円分だけでなく、すでに15億円以上の借入があるのですよね。すでに期限の利益を喪失しております。加えて、新しく作成して提出した事業計画の初年度から、ものの見事に下方修正となり、緊急の新規融資の8000万円すら、返済ができない状態での銀行の憤りから見ても、すぐに期限の利益の喪失の内容証明を出してくるでしょう」

「はい。間もなく内容証明を出して、法的手続きを検討すると言っていました」

「そうでしょう。この当座預金は、もうすでに拘束されていますよ」

私は、社長に、すぐに戻って、当座預金の解約手続きを申し出てみるように勧めた。

手形不渡り回避の方策

数日後、社長から電話が入った。

「先生。8月の手形決済のためには、入金されてくる当座預金のお金が必要だから、当座預金のお金を手形決済資金にあて込んでいる旨説明したところ、やはり、銀行は、当座の預金は相殺するので、払い戻しに応じられないと言っています。私が、このお金がないと、当社は手形不渡りとなってしまうと陳情しましたが、やむを得ませんと言っています。どうしたらいいでしょうか」

8月末の手形決済期日まであと5日と迫り、時間がない。やむを得ず、私はD銀行に以下の

ような「依頼書」を送付した。要約すると、

「当該当座預金のお金を手形決済資金に充当できないと、A社は手形不渡り事故となって、現在の主要取引先すべての取引が解約されてしまう。そうなってしまうと、もはや会社の再建は困難となり、貴行への将来に渡る返済も不可能となる。新規に調達した8000万円すら返済できなくなる。破産となれば、新設した本社工場も第二工場も、その価値は下落し、D銀行への返済は著しく落ち込むことになる。そうならないためにも、ここは手形決済を無事済ませ、信用不安を惹起させずにしておいて、銀行団らと協議のうえ、会社の再建をもう一度検討すべきが得策と考える。ご検討を願う」

という内容であった。

しかし、というか、案の定、というか、やはり、D銀行の当座預金は『相殺通知』とともに使えなくなってしまった。

A社を突き放したD銀行のこの措置は、いわば正式にA社が手形不渡り事故により倒産してもやむを得ないとの態度を表明したことになる。A社は見捨てられたのだ。D銀行としては、よほどA社に対する裏切られたとの憤り感が深く強いのであろう。

直前の8000万円の融資とその返済不能事態を引き起こし、このため、D銀行内部でも関係者がなんらかの責任をとらされたことは、想像に難くない。A社の経営者としての責任も、決して軽くはない。安直な事業計画のため、多くの方々に悲劇が訪れてしまった。互いに、取

り返しのつかない深い傷を負ってしまったようだ。

さあ、どうする！

私は、万一、銀行に当座預金が拘束されても手形決済ができるよう、社長にその他経費の支払いの停止をして、なんとか手持現金と合わせて2000万円を確保するように指示した。

そのことが功を奏し、事前に取引先に手形決済分を送金し、併せて取引先に銀行が取立に回した支払手形の依頼返却をしてもらい、首の皮一枚つながる形で、8月末の手形不渡り事故だけは何とか回避できた。

しかし、債権額の過半数を占めるD銀行が、再建に対して拒否回答をし、倒産してもやむを得ないと判断したこの会社の再建が果してできるのか。常識的には、再建はムリだろう。売上高が半減以下になっており、売上の回復も期待できない会社である。教科書的に言えば、破産に匹敵する会社であろう。一歩間違えば、不渡りによりすでに倒産していたはずのこの会社を救済できるのかとの不安もあった。

ただし、これまでは、あくまで素人然の当事者が作成した事業計画であるが、これからは再建のプロとしての当職らが作成した事業計画であり、この会社の製氷技術は優れたものがあることは、業界でも定評がある。この『技術力』を上手に生かせれば、勝算はあるのでは。

それよりも、私がやらなければ誰がやるというのか。会社の従業員やそのご家族の生活がかかっているのだ。わずか0・1％でも再建の確率があれば、それに賭けてみよう。さあ、仕切り直しだ。

民事再生の申立てと監督委員の登場

本件は、大阪地方裁判所に『民事再生手続開始』の申立てをした。裁判所の関与する、法的手続きによる再建である。

商取引先を取り込まない、したがって、商取引先には何ら迷惑をかけない私的再建は、裁判所を関与させることもなく、金融機関だけの返済を停止するだけで再生を図るもの。だが、これでは、手持ち資金の乏しいA社のような場合、次々と決済日がやってくる、数多くの商取引先の手形決済に対処できないからだ。

ただちに、監督委員が任命された。

法科大学院の教授もされ、研究論文や著書を多数出されている高名なK弁護士であり、懐の深い、人間味あふれる方との評判であった。お会いすると、評判どおり、懐の深い方であった。

そして、いただいた名刺を見て驚いた。「え〜、こんなことがあるのか」。この監督委員の事務所の番地が、「2―2―2」となっていたからだ。なんたる偶然か。私の亡き娘の誕生日（2月22日）ではないか。私は、空の上から娘が応援してくれていると感じざるを得なかった。

また、その方には、その後の幾多の難問の解決のヒントを与えていただいたことには、感謝せずにはいられない。

そもそも売上高が前年の30％以下となってしまった以上、従来の借入金は過大になりすぎているし、せっかくの製造能力を有する新設の第二工場も、稼働力不足で人員も余剰気味となっていた。売上高の増加が期待できない以上、従来の従業員の人数分の仕事もなく、過剰人員となってしまっていたから、人員整理もやむを得なかった。

幸い、「沈没船からねずみが逃げる」がごとく、給与のみ高く、あの大甘な事業計画を作成し、D銀行との信頼関係をますます悪化させた幹部たちは、のきなみ辞表を出して辞めていった。

もちろん、直前に提出した事業計画の判断は社長が下したのだから、社長の責任は大きなものがあることは否定できない。

数日後の民事再生の申立てを察知した従業員からは、将来に対する不安と会社の売上減に対する絶望のため、次々と辞表を出され、30名近くいた社員が申立直前には15名に減っていた。それも、熟練した社員たちのほとんどが去って行き、残った社員は入社間もない、あまり会社の内情に熟知していない若手ばかりであった。去る者は去ればいい。縁がなかっただけだ。

しかし、逆に私は、この無垢な若手たちの頑張りこそが、このA社を救う原動力となると確信した。会うと皆、純粋で、真面目で素直であった。重苦しい空気の中にあって、入社したばかりであり、皆、陽気であり、プラス思考であった。そのことが、ただでさえ暗くなりがちな会社の雰囲気を活気づけてくれていた。

私は、再建の依頼を受けた弁護士の立場で、何度となく、D銀行を訪問し、A社の再建計画、事業計画を説明した。それは、A社はスポンサー頼みでない、独力で営業を開拓し、現在の売上高を維持した10か年での収益による返済計画であった。A社の社長の言には聞く耳をもたなかったD銀行も、弁護士たる私の言には耳を傾けてくれた。

幸い、A社の大口取引先の1社の社長が、A社に対し、「自己の扱っている納品先が数百社あるから、そこを紹介する。家庭用の氷に代わる新商品たる『保冷剤』を今後A社の目玉にして、販路を開拓すれば、現在の4億円の売上高も早急に5億円から6億円になるだろうから、頑張りなさい」とエールを送ってくれたことが、どんなにかA社社長を勇気づけたことか。

ただし、この大口取引先社長のリップサービスに乗ったことが、さらに状況を悪化させることになるとは、このときは予想もしなかったのだが……。

商事留置権の主張

「先生。困ったことが起きました」

A社の社長が弱り切った声で電話をかけてきた。

「どうしたのですか」

「当社の商品の運送を依頼している運送会社から、中立前に発生していて、いまだ支払っていない運送代金を至急支払ってほしい。支払ってもらえなければ、運送会社の保管倉庫にある当社の商品を押さえる、と言っています」

債権者の一人である運送会社が、運送代金を被担保債権とする商事留置権の行使を主張してきたのである。

「中立前に発生していた運送代金は、いくらくらいあったのですか」

「500万円くらいです」

「いま、運送会社の倉庫に保管されている商品はどれくらいありますか」

「上代価格（卸値）で700万円くらいです」

「ところで、A社の商品は、家庭用の氷ですよね。季節性の商品です。すぐに売れなければ、価値がなくなります。いますぐバッタ売りするとなると、二束三文になるでしょう。『早期処分価格』とした場合では、いくらぐらいになりますか？」

「足元を見られて、二束三文で処分するとなると、100万円にもならないんじゃないですか」

私は早速、運送会社に対し、運送会社が担保として保管している商品の担保価値は、処分するとなると100万円を超えることはないので、100万円の支払いと引換えに商事留置を解放してもらうように、書面を起案し、処分価格の見積書を添付して送付した。

3日後、件の運送会社の代理人弁護士（大阪の大手法律事務所）から、私どもの光麗法律事務所に電話が入った。

「先生。先生のほうでは、倉庫内の商品の担保価値を100万円くらいと試算し、その見積書も出されておりますが、当社での試算は500万円を下りません。それというのも、倉庫内の商品はすべて、大手スーパーへの納品先が決まっており、納品価格もはっきりしております。それだけでなく、納入日との関係でも、明日にでも出荷しなければ、大手スーパー側でも在庫を切らして、大混乱を生じてしまいます。そうなっては、A社と大手スーパーとの信頼関係もぎくしゃくしてしまい、A社の再建計画に支障が生じてしまいますよ。当社もそのような事態を引き起こしたくはありません。先生、なんとか500万円支払ってくれませんか」

「ですが先生、商事留置権は、あくまで当該担保権の評価が基準となり、それを超えての弁済は、偏頗《へんぱ》弁済となり、後日、民事再生手続違反となり、認可決定が得られません。私としては、100万円が限界かと思いますが……」

「先生。当社（運送会社）は、一般の運送会社と異なり、大手スーパーへの問屋業務を行う大手商社の系列会社なのです。この倉庫の中の商品も、大手商社を通じて納品先が決まっており、その価額も500万円以上の代金が当社の親会社の大手商社から御社に支払われます。このように、グループ会社間での取引がすでに決定している商品の担保価値について、早期処分価値といったって、実際に500万円以上での取引が決定し、500万円以上が支払われるのですから、担保の処分価値は500万円と見ていいんじゃないですか」

たしかに、本件の運送会社は大手商社の系列会社であり、A社の再建上も、今後の営業の柱として、この大手商社との友好関係に頼らざるを得ず、加えて、この運送会社とも、今後継続して取引を維持していかねばならない。単純に倉庫の商品を留置されている場合と若干ケースが異なる。納品時期まであと1週間と期日が迫っており、早急に解決しなければならなかった。

私は、電話ではらちが明かなかったので、当該弁護士に直接会って交渉するため、スケジュールを何とか調整し、翌日、大阪に飛んだ。

大阪の弁護士から渡された商品単価の資料は、たしかに５００万円を超えていた。これに対し、A社に試算させた二束三文の処分価格は１００万円にも満たない。さあ、どうする。

たしかに、相手方の運送会社も大手商社の子会社であり、いつまでも商事留置権を行使してこの紛争を長引かせることは、当該商品の納入を待っている大手スーパーに混乱を生じさせることになり、運送会社としても得策ではないはずだ。

他方、A社においても、大手スーパーへの納品が遅れ、取引の混乱を生じさせることは、大手スーパーへの売上が今後の再建の柱であるだけに、好ましいことではない。お互い「早期の解決」が必要とされる場面であった。

当社として、申立直後の資金繰りを重視しており、支払いを資金の余裕ができる半年後以降にできれば、その支払いをよしとし、支払期日を先延ばしにすることで解決を図った。そこで、客観的資料で示された当該担保価値５００万円を若干下回る価額で妥協する代わりに、早期の一括の弁済を、当社の再建が安定する半年据置後の15回の分割払いで了解してもらった。お互いの譲歩が、解決を引き出したのだ。

これにより、なんとか納品時期を遅らせずに、当該大手スーパーの店頭にA社の商品を並べることができ、消費者に迷惑をかけることも回避できた。

D銀行が反対書面を提出

裁判所に提出する事業計画も、この新商品を売上高増加の要因に置き、3年先には何とか5億円台にまで回復させる事業計画を提出した。それでも、二つの工場の新設分の借入額があまりにも過大であったことと、8月のかき入れ時に仕入れた取引業者への買掛債務が膨らんでいたこともあり、配当率は10か年でわずか5%にも達しなかった。

しかし、である。

D銀行は、われわれが作成したこの事業計画、とくに10か年に渡る独自の収益力をまったく信用していなかった。落ち込みの穴埋めとして、会社が期待して開発した『保冷剤』の売上高増は不可能と言下に言い放った（いまから振り返ると、銀行の言うとおり、結果として、たしかに保冷剤の売上は計画を大きく下回ってしまった）。

そして、D銀行は「このような10か年に渡り、しかもわずか5%にすぎない返済計画であるなら、破産して、現有手持不動産たるB工場とC工場を処分して、一括配当を受けたほうがよい。民事再生手続きにおける大阪地裁での債権者集会では、否決票を投じる予定である」とまで言い放った。債権額の過半数を有するD銀行が再生計画案に反対していることは、当社はもちろんのこと、裁判所にとっても、監督委員にとっても、憂鬱の種であった。

しかし、運がよかったのは、D銀行の債権が、D銀行の関係サービサーが代理となり、交渉窓口はD銀行サービサーに移ったことだった。サービサーの対応は、直接の当事者で、被害者意識のきわめて高いD銀行の担当者のときとは異なり、あくまで客観的な数字上の確実性を重視した、幾分柔軟な対応を見せてはくれた。

だが、やはり売上高が前年の30%に落ち込み、大口取引先に頼る経営姿勢は変わらず、人材的にも営業能力に優れているとは言えないことから、10か年の返済では『履行の確実性』の点で危ぶまれることを理由に、拒否回答を出さざるを得ないとの回答であった。万事休すであった。

スポンサー候補者の出現

手詰まり感の中、胃の痛い日が続いた。

数日後、あれほどまでにA社に対し不快感を示していたD銀行のM&A事業部から、スポンサー候補者がいるが、検討の余地があるかとの打診があった。

早速、A社社長に、スポンサー候補者の傘下に入ることについてどう思うか尋ねてみた。

「D銀行からは、一度は死刑宣告を下された立場にあり、A社のオーナーにとどまれるとは考えていない。それどころか、破産やむなしとの覚悟もあるので、そのスポンサー候補者が当社の事業を引き継いでくれるのならば、ぜひお会いしてみたい」との返事であった。

D銀行のみならず、他の金融機関からも、大手取引先に依存しすぎていたA社役員らの「経営責任」については言及されており、100%減資はやむを得ないものと考えていたから、A社社長の判断は、銀行の対応上からも、また、納品を期待している取引先の信頼を裏切らないためにも、正しいものであった。

幸い、このスポンサー候補者は、これまでにもいくつもの会社のM&Aをしてきており、少ない資本投下で、すでにでき上がった人材実績、技術力を含め、大きな利益を得られるというM&Aのメリットを体得済みであった。民事再生手続申立中の会社のスポンサー経験もあり、とくに裁判所が関与して、そのうえ、それぞれ専門の弁護士、公認会計士らが詳細にチェックした会社のほうが安心できるという、前向きでかつ理にかなった考えを示してくれたことが、残された時間の少ない中で、このM&Aの話を早急に進めることができた要因であった。

加えて、支援先の会社の優秀な経営者や人員は、その資質には非凡なものをもっている。荒波や厳寒の中で鍛えられてきている。ただ、その気力を失しているだけだ。その能力以上のものを発揮できるように会社を整備してやれば、期待以上の働きをして、会社を活性化してくれる例はいくつも経験しているという私の持論を謙虚に受け止めてくれ、これまで歯を食いしばって頑張ってきた若手社員たちを、そのまま雇用してくれることを確約してくれた。

「過ぎたるはなお及ばざるが如し」のたとえどおり、あまり手をかけすぎたり、手を入れすぎたりして、せっかくの作品を台なしにすることはよくあること。お会いしてみると、この「スポンサーの心得」というものをよく知っている方であった。

私もA社社長も、このスポンサーの支援を受け入れることが、現在の会社の窮地を脱出できる最善の策であると同時に、このスポンサーならば、共に歩むことのほうが、かえってA社の未来を明るくしてくれるものと確信した。そうは言っても、スポンサー契約を締結し、返済のための事業計画の詳細を詰めるには、時間がなさすぎた。

債権者集会の当日。集会時刻の2時間ほど前に、裁判官室に関係者が集まり、A社の民事再生手続きについて協議をした。本日このまま採決すれば、過半数を有するD銀行が否決することを、前日にわざわざ書面をもって表明していたからだ。

ただし、サービサーとの交渉により、スポンサーによる一括弁済がなされるのであるならば、経営責任も明確になり、かつ反対の理由としていた履行の不確実性といった障害事由が除去されるので、反対を撤回する余地はあるとの回答は、この日までに用意してもらっていた。

そこで、裁判所としては、これまでの会社側が集めた委任状からは、取引先の了解は得られており、頭数要件としての人数での過半数の賛成は得られていることから、本日は投票をせず（集会を開催するから、集会を開催しないで延期する扱いではない）、次回を続行期日とする扱いをする旨、関係者のコンセンサスを得た。

私たちは、債権者の集まっている集会場に向かった。

続行期日は約1か月後と決まった。なんとか職権による強制破産だけは免れた。首の皮一枚つながった感じだ。

しかし、この1か月でD銀行らが納得する変更再生計画案（一括弁済）を提出せねばならない。

スポンサーとの打合せ、D銀行サービサーとの交渉、会社にあっては、事業計画の練り直し等の作業が待っている。時間はあまりにも少ない。もはや撤退はできない。背水の陣である。やるしかない。開き直りが必要な場面であった。しかし、死んだと思って捨てた命だ。この1か月を大事にせねば。私たち弁護団は、この密度の濃い1か月に向けて、モチベーションを高めていった。

再建計画反対の理由を明示せよ！

私は、スポンサーとの打合せを重ね、スポンサーからの借入で一括弁済をして、早期に民事再生手続きを終了させ、裁判所の手続きから離れ、一人立ちさせることが、信用回復という市場原理に沿うものであり、そうすべきだとの共通認識を確認し、各金融機関にその旨を伝えた。これにより、従前の再生計画案で提案した10か年の長期弁済を、認可決定確定後の早期一括弁済とする変更再生計画を記載した。債権者に対する有利変更であり、この計画により、債権者が賛成してくれるものと思っていた。

ところが、官系の金融機関と地元の地方銀行が相変わらず、修正された再生計画案に賛成することはできない、と伝えてきた。私は、彼らの反対の態度を黙視するわけにはいかなかった。私の正義感に火がついた。

私は、会社においても、検討できるものは検討するから、民事再生計画案に反対する理由を明確にしてほしい旨申し出た。たしかに、反対の理由を明示せよとの法文上の規定はないが、何ら合理性のない、理由なき反対は、許認可事業たる金融機関としての社会的、公共的立場上、コンプライアンス上からも、許されるものではないと思っている。

そこで、以下の文書を反対の意思を表明した金融機関に送付した。

ご連絡

平成○年○月○日

金融機関各位

再生会社A代理人
光麗法律事務所
弁護士　村松　謙一

貴社において、再生会社A社の再生計画案に反対の意思を表明しておりましたところ、今般、再生会社A社に対するスポンサーの出現により、当初の再生計画案で示されました、再生債権の弁済期間10年を認可決定確定後6か月以内に一括で弁済する計画に変更しておりますので、この変更計画案に対して『反対の理由』は消滅したものと考えておりますが、それでも反対の意思を表明することは、下記のとおり、『コンプライアンス』上も問題であり、債権者としての『権利濫用』を構成するものと思慮されますので、その場合の反対の理由をご説明していただきたく、この旨ご連絡申し上げます。

記

1．『返済額の寡少』を理由としての反対について

しかし、A社の収益による返済額については、当該会社の事業内容、商品構成等から、自ずと売上高には限界があり、これによる10か年事業計画については、裁判所、監督委員、補助者たる公認会計士等、第三者機関による履行の確実性の観点から精密な調査がなされ、過去の事業状態と将来の事業形態に照らし、再生会社の10か年の返済額の上限が再生計画案記載の金額であることが妥当との意見が出されております。

それにもかかわらず、全額返済要求は極論としても、もっと多くの弁済でなければ反対であるとの考え方では、結局、本手続きが民事再生手続きにおいて進行している以上、民事再生手続上履行不可能な要望として、破産やむなしとの意見表明と表裏一体であります。そして、再生債権に対する破産時の配当率が民事再生手続きの配当率に比し、著しく低いことから、かえって貴社の回収額は著しく減少することになってしまいます。

これでは、貴社が目指しております「債権回収の極大化」に逆行することになり、当該理由に基づく反対は、経済合理性の観点からも、「経済合理性」が認められないことと思慮されます。

2.『返済期間が10年で長すぎる』との理由からの反対について

その根拠は「履行の確実性」の不安からと思われますが、今般、スポンサーとの間で、認可決定確定後6か月以内に一括弁済するとの合意が成立しており、上記理由からの反対には、「経済合理性」を見出すことはできません。

3.『担保権の受戻しの評価が低すぎる、あるいは担保権の受戻しの返済期間が長い』との理由からの反対について

そもそも民事再生手続きは、担保権は手続きの枠外に置き、その自由行使性を阻害しておりません（民事再生法第53条）ので、担保の評価額について、低いあるいは返済期間が長すぎるとの理由であるなら、独自に別途『任意競売の申立て』をなす道が残されており、競売の申立てで対処すべきであり、再生計画案自体の反対で対処する理由はどこにもありません。

換言すれば、再生計画案に賛成したからといって、担保権の実行権を放棄したことにはなりません（再生計画が認可された後でも、話合いがつかなければ、担保権の実行は可能です）ので、ご安心ください。

加えて、スポンサーサイドより、今後も金額についての話合いを進め、かつ合意に達した金額に

ついては、再生債権と同様に一括して返済する旨の合意が成立しておりますから、「返済期間が長期すぎる」との理由も成り立ちません。

民事再生手続きは、あくまで、担保権でカバーできない再生債権（別除権予定不足額）の返済の『合理性』についての賛否を問う目的の手続きであることを忘れないでください。

4. 結語

以上、民事再生手続きでは、債権回収の極大化という経済合理性面からの検討が重要であり、不合理な反対はコンプライアンス上も問題と思われます。

そこで、反対の意思を表明するのであれば、再生会社側において、善処可能か否かを検討致しますので、その理由を明確にされたく、この旨お願い申し上げます。

以上

この書面の効果があったか否かはわからないが、大口債権者のD銀行の理解を得ることができ、A社の修正再生計画案は続行期日において可決され、A社はスポンサー候補者のもとで復活した。

しかし、相変わらず、官系の金融機関と地元金融機関は、積極的な反対票こそ投じはしなかったが、投票棄権（結果として、反対票にカウント）した対応には、公共性を有する金融機関としての使命を放棄したに等しく、いまだに憤りを覚えるものである。

担保抹消請求の提起

「先生。担保権者のD銀行もE銀行も、弁護団が作成した弁済協定案に同意してくれません」

担当のK弁護士が困り果てたように報告に来た。

今後の経営の柱となる2工場のうちの一つのB工場には、以下の表のとおり、大手都銀のD銀行と地元の地銀E銀行が、順位1番の同順位で担保設定していた。

D銀行とE銀行が弁済協定案を拒否している理由は、単に担保の価格の評価にとどまらないから厄介であった。

本件は、D銀行とE銀行が順位1番の同順位であったことから、前述の当該担保不動産の評価の問題にとどまらず、仮に評価の点でD銀行とE銀行の歩調がそろったとしても、今度はその価格の分配（配当）の点で、また、D銀行とE銀行の意見がまったく相違しているからである。

D銀行の意見は、決定した金額を融資残高で按分すべし（プロラタ）という「**債権額按分説**」。D銀行の見解に従えば、会社側の担保抹消（受戻し）の提示額を15：1で分けることになる（D銀行の配当率は15／16×100＝93・75％、E銀行の配当率は1／16×100＝6・25％）。

これに対し、E銀行の意見は、当該不動産に設定している根抵当権の極度額で按分すべしという「**極度額按分説**」。E銀行の見解に従えば、会社側の担保抹消（受戻し）提示額を10：2で分けることになる（E銀行の配当率は2／12×100＝16・7％、D銀行の配当率は10／12×100＝83・3％）。

　このように、両銀行の見解が異なる場合の対処方法は、判例の見解を示せればベストなのであるが、判例検索してもなかなか見当らない。

　文献を調べたところ、たしかにD銀行の見解をとる学説とE銀行の見解をとる学説もあったが、それぞれに問題点があった。そこで、それぞれの欠点をカバーする意味で、通説的立場は、原則としては債権額説であるが、債権額が極度額を超える場合は、極度額を上限として、残債権額同士で按分する説が有力であり、適切であった（極度額上限債権按分説）。私もこの見解を示して、

図表1｜B工場（順位ともに1番）

	D銀行	E銀行	
極度額	10億円	2億円	10:2
融資残高	15億円	1億円	15:1

図表2｜B工場（順位ともに1番）

		D銀行	E銀行
極度額		10億円	2億円
債権額		15億円	1億円
配当率	D銀行の見解	93.75%	6.25%
	E銀行の見解	83.30%	16.70%
	当職らの見解	90.90%	9.10%

D銀行とE銀行を説得することとした。

この見解に従えば、D銀行：E銀行は、10：1となり、D銀行の配当率は90・9％、E銀行の配当率は9・1％となる。

ちなみに、大阪地方裁判所の扱いを確認したところ、当職らの見解と同じく、**極度額上限債権按分説**であった。

ご連絡内容

前略
貴職らからの平成○年○月○日付け「ご質問書」に対し、当職の見解をお伝えします。
本件では、被担保債権額を基準にし、極度額を超える場合には極度額を限度とするのが合理的と考えますので、貴職らの見解が妥当と思われます。
なお、東京地判平12・9・14（金法1605、P45。1審で確定）も同様の考えですし、園部「不動産競売マニュアル」新日本法規P225、226も上記判決を肯定的に引用し、新版『競売手続実務録（2）』新日本法規P1561も上記判決を肯定的に引用しており、村田利喜弥・金融法務事情№1636、P50が指摘するように、「**被担保債権額説**」**では優先弁済権がない債権額も含める点**

で問題があり、「極度額説」では不存在の債権も含める点で問題があるからです。
なお、裁判所へも質問されておりますが、当職としてはこのような見解をとっていることをご連絡いただき、本質問への裁判所の対応をお聞きください。
取り急ぎ、ご連絡まで。

草々

裁判所の扱いを確認し、さらに法科大学院の教授でもある高名なK監督委員の意見を得た当職ら弁護団は、これらをもって銀行団の説得にあたった。

さすがに大手都銀のD銀行は、これらの資料を真摯に受け止め、当職らの配当率に理解を示してくれたものの、地元地銀のE銀行の態度は頑なであった。

どうして銀行とは、こうも頭が固いのか。私のこれまでの数多くの事案においても、一度、組織決定した判断あるいは審査部長が下した判断を変更、もしくは撤回することを恥と考えるのか。柔軟な対応ができていない銀行が多い。もっと大局を見てほしい。

われわれ**弁護士も、いつも金融機関の意見に従わない、対峙するというわけではない。**大局を見て、どうすればすべての利害関係人に有益なる解決ができ、かつそれによって債権回収の極大化の視点からも、より有益なる解決が図れるかという視点をもつ金融機関とは、共同歩調を合わせ、問題解決に向けて進んでいる。

しかるに、**自己の債権回収のことのみ考え、**そのことがかえって自己の債権回収の幅を狭めてしまったり、かえって回収額が減少してしまったりするだけでなく、**会社の再建の芽を摘み取ってしまう結果になるような対応をする金融機関に対しては、**「その回収の仕方は間違っていますよ」あるいは「その回収の仕方では、かえって損ですよ」と**教える使命が、われわれ弁護士にはある**と思う。

K弁護士が必死にE銀行を説得するも、聞く耳をもたぬE銀行を説得する意味がない。裁判所の扱いに任せることが、時間的にも速いと考え、私は担保抹消請求を申し立てた。

皆誰もが一度はあきらめた会社がある。数字上から見ると、見放されて当然の会社である。頼みの綱のメインバンクからも、生命維持装置の電源すら切られかけた。しかし、最後の最後のところでは、その電源を切ることを思いとどまってくれた。

会社の再建は、数字だけで決めるものではない。そこで働く人間が決めるものだ。やれるだけやってみよう。**皆が一丸となった。そこから奇跡が起きた。**運命とは不思議なものである。決して、あきらめてはダメ、最後の最後まで努力せよ、と教えられた事案であった。

皆さんの家庭に、A社の氷がいまでも供給されている。それによって一家団欒の笑い声が聞こえることが、私への何よりの褒美である。

会社救済ファイル6

不可解な基準なんて要らない

――求められるのは債権者と債務者双方の譲歩と調和

会社の再建は、会社（債務者）側あるいは金融機関（債権者）側のどちらかが、一方的に自分の意見を強引に進めても、決してうまくいくものではない。

利害の対立する債務者側と債権者側の両者が「再建の意義」を十分に理解し、互いに譲歩と調和をもって進めなければならない。その意味では、債権者の意見も十分に尊重することが肝心であり、「合理性のある反対」であるならば、「なるほど」と納得もできるが、聞いてみると最初に結論としてまず反対ありきの意見や、「感情論的反対意見」が多く見られるのはいかがなものか。

たとえば、反対債権者が中小企業のワンマン経営者で、当該債権を焦げ付かせたことに立腹し、「債務者会社を許せない、潰れてしまえ」として再建策に反対することはわかる。しかし、債権者が公の機関であったり、地元を代表する金融機関であった場合は、話は違う。彼らからは、個々の個人的意見ではなく、当然に「組織体」としての意見が出されなければならない。

組織としての意見とは、己の属する組織体にとって、再建策の中身が有利か否かという経済合理性の観点から検討されるべきである。民事再生、会社更生等の法的再建手続きで実施されている「清算価値保障原則」「衡平性の徹底原則」「実現可能性」である。

万一、会社が潰れてしまったら、債権回収面から見て、再建時に比べてどれだけ回収できるか（少なくとも本件再建案は、破産時以上の返済額を予定されているか）、さらにその返済額の分配方法が債権者間で衡平になされているか、という観点から、再建策に「合理性」があるか、そして「実現可能性」があるか否かを検討すればよいのである。

さらに、債権者が公的な機関あるいは監督官庁から免許を与えられて初めて活動ができる**金融機関の場合は、**その存在自体に公共性を有することから、法的側面としての債権回収という**自己の『経済的利益面』だけでなく、企業の存続が当該地域、社会にとって有益か否かという『社会的利益の側面』からの検討が必要**となる。その使命たる公共の福祉等、社会性の前には、回収額の多寡という**自己の経済的利益面は一歩後退して然るべき**であろう。

とくに当該地域を支える住民たちの雇用面、彼らの生活の平穏面、取引先の中小零細業者への影響面等も検討し、たとえ債権回収額の局面では若干不利となっても、己の立場（公的側面、社会的側面）に鑑み、企業を再建させることが「有益」であれば、目的たる「再建」には賛成する（そこまでいかなくても理解を示す）責務を負っているのではないか。

後は手段としての再建の方式（スキーム）について、その方式が有益か否かを論ずべきであろう。その意味では、再建策に反対しても、公共性を有し、社会的役割を担う金融機関（だからこそ、免許制である）であるがゆえに、合理的理由付けは必要となるのではないか。

本項では、ある会社再建の現場で、一方は民事再生という手続きの中で、他方は「中小企業再生支援協議会」（支援協議会）という手続きの中で（いずれも透明性、客観性は確保されている手続きである）、己の社会的立場を失念し、私から見ると「不合理ではないか」と感じられる反対意見が見られたので、私の個人的意見を述べておく。

配当額と少額弁済

「おかしいじゃないですか」

私は、ある民事再生手続きにおいて、当該民事再生企業の今後の事業再生の要となる、本社工場の別除権者（担保権者）である某政府系金融機関の回答に激しく反論した。

その数分前。

「そちらの作成した再生計画案ですと、弁済率はたったの7％です。箱物のホテル・旅館やゴルフ場のような事業体ならいざ知らず、本件はメーカーですよ。私どもでは、メーカー等の場合、事業の将来性を重視して、少なくとも10％以上の配当がないような事業の再生計画に、賛成はできませんよ。それに、再生計画案では、取引先等の商取引債権者にはその7％を5年で返済し、われわれ大口金融機関の部分は10年で返済する計画となっています。そんな不公平な弁済計画に賛成など、誰ができますか」

某政府系金融機関の担当者が顔を赤くし、かなり激高して、件の民事再生会社の社長を責め立てていた。

社長と同席していた私は、出されたお茶を口に含み、ごくりと飲み込んで、努めて冷静に振る舞おうとしていたが、この担当者の数字ありきの物言いに怒りがこみ上げてきて、反論せずにはいられなかった。担当者は、件の社長に向かって言ってはいるものの、再生計画案を作成したこの私に対し、不満を言っていたからだ。

「たしかに、本件での『弁済率』は、貴殿が言われるようにわずか7％です。それでも当初の案は5％でしたから、貴殿の意見を相当取り入れた内容に変更したものです。しかし、当社にとっては、本当に背伸びして、頑張ってぎりぎりの7％なのです。もともと、本件の事業の利益率は、健康食品などと違い、きわめて低い製品です。たしかに手をかけすぎているくらい手をかけてしまったため、コストがかかりすぎて、利益を圧迫しているのも事実です。でも、だからこそ、『技術のA社』との評価を得ているのです。

この会社のつくり出す製品の良さ、クオリティーの高さは、業界でも知られているところになっているのです。しかし、今後は、コスト意識を徹底させ、原価管理をチェックし、また、従業員の人件費についても相当に削減して、ようやく7％の配当に行き着いたのです。社長を含め、従業員らも相当な血を流し、犠牲を強いられてつくり出された『返済計画』なのです。この7％の返済計画の重みを理解してくれませんか。

他方で、民事再生手続きでは『履行の確実性』という要請を重視します。債権者から賛成票を得るため、債権者の意見に迎合して、返済額を多くする内容の返済計画も、鉛筆を舐め舐め書けば、書けなくはありません。たとえば、本件でも、貴殿の要求する10％以上の返済計画案をつくることは、事業計画を右肩上がりでつくっていけば可能でしょう。

ただし、われわれもいわゆる4P（プロダクト・プライス・プレイス・プロモーション）と言われる市場調査をしております。そして、この数年、年々売上が低下している事実もあります。だから右肩上がりの売上計画では現実を直視していないことになりますし、当社の置かれた市場の背景事情に照らせば、履行不確実となることは目に見えています。

私はそんな策を弄する弁護士ではありません。監督委員や公認会計士の先生方とも相当議論してつくり出した配当率が、7％なのです。それすら達成できないかもしれないギリギリの額です。そもそも破産になってしまったら、1％にも満たない配当率です。再建手続きの背景となっている債権者保護の思想の『清算価値保障原則』という背景からも、本件での7％の配当額は、債権者にとっても十分に合理性を読み取れるはずです。

それにわずか30万円前後の商取引先の債権者と、貴殿のような大口の金融機関とに差を設けることは、かえって『実質平等性』を有しています。形式的に一律平等に扱うほうが、逆に『不公平』ではありませんか。たとえば、50万円の取引先と1億円の金融債権者も一律10年の返済とすると、取引先は5万円ずつ10年、1億円は1000万円ずつ10年では不公平ですし、わずか毎年5万円の配当で10年も引っ張るほうがかわいそうですよ。

加えて、事務手続きの煩雑さを解消する必要性からも、また、少額債権の保護、商取引債権の保護の観点は、民事再生法第85条2項、5項で規定されているのですよ。これも『実質平等性』を保護する趣旨です。どうか、本件での再生計画案をぜひ検討していただけませんか」

「先生は専門家だから、そのように理路整然と話されるけど、われわれは全国で扱いが異ならないようにバランスを取って、民事再生の再生計画案に対し検討を進めることになっていますから、メーカーの場合は10％以上の配当じゃないと受け入れられません。それに、商取引先の方々にわれわれより早く返済完了して、優遇するような内容の再生計画案は賛成できませんよ」

私も多くの再建事案について政府系金融機関と対応しているが、メーカーの場合は10％を超える配当でなければ賛成できないとの基準をもっているとの話は、このとき初めて聞いた。しかし、担当者の紋切り型の対応と、10％にこだわる理由が理解できず、冒頭の言葉が思わず口をついて出たのだ。

「おかしいじゃないですか。企業はどれ一つとっても同じものはありません。体力も皆違いますよ。メーカーでは10％以上がよくて、それ未満がダメという理由のほうが、私にはまったく理解できない。それに、体力のない小さな子どものような債権者と、体力のある大きな大人のような債権者と同じ条件でなければ容赦しないという考え方のほうがおかしいんじゃないですか。

そもそも、貴殿のような政府系金融機関の存在価値・存在理由は、通常の民間の金融機関と違い、全国420万社余りある中小企業の健全育成、後押しというきわめて公的、社会的側面を有した政策的機関だということではないですか。大企業が花とすれば、この日本という社会を根っこで支えてきたのは、この420万社の弱小零細の中小企業ですよ。

だからこそ、たしかに儲けも大切ですが、**中小企業がアゲインストの風を受けながら、体力を振り絞って這い上がってくるところを、太陽のような温かな眼差しで見守り、助言を述べ、再建の手助けをしてくれることが、政府系金融機関たる貴殿の役割ではないですか。**地元金融機関から見放された中小企業の最後の頼みとなる、親のような政府系金融機関の皆さんが見放してしまったら、生きる望みを失ってしまう。**真暗闇の中で、それでも必死に生きようとしている中小企業を、誰が助けるのですか。**

理不尽、不公平、不合理な計画であれば、『不賛成』との説も理解しますが、『何%以上の配当じゃなければダメだ』とか、『全債権者の返済期間を統一しなければダメだ』とか、私に言わせれば、そんな不合理な基準を持ち出して、必死に頑張っている企業の命を奪う権利など、あなた方にもないはずだ。ぜひ目をつぶらないで、われわれの再生計画を見てください。お願いします」

私は、担当者の意見が政府系金融機関の組織としての見解でなく、単なる担当者個人としての意見であることを願った。破産時以上の配当も保証している。そして再度、民事再生の制度趣旨、立法背景、組織的論議をして、債権者集会までには再検討してくれることを期待していた。

しかし、私の意見は採り上げられなかった。件の政府系金融機関の担当者は、裁判所での投票用紙に堂々と反対の欄に丸をつけて提出したのだ。

幸い、件の民事再生会社は、その政府系金融機関の債権額が過半数を割っていたから、どうにか首の皮一枚つながって、再生計画認可決定を得られた（本件は、保証協会が過半数を握っており、同じく政府系でありながら、賛成に投じてくれたその対応には、感謝してもしきれない）。万一、件の政府系金融機関の債権額が過半数を有していたら、『破産』になっていたことになる。会社で働く従業員やそのご家族の生活の平穏が害されてしまう。「生活の平穏」がいかに大切かは、その場に置かれて初めてわかるものである。生活の平穏が害されると、時には心が壊れ、命が奪われることもあるからだ。

この担当者の意見が単なる個人的見解ではなく、政府系金融機関としての反対（書面）であったことのほうが、私には、倒産に怯える中小企業の方々にとって、重大な問題と感じた。利益追求だけが目的ではない政府系金融機関なのに、中小企業を助けるんだという「プライド・気概」をなくしてしまったのだろうか。もう一度、その社会的存在価値、役割、使命を思い出してほしい。

会社を残すが最善か、潰すが最善か

地方の疲弊は、想像以上に進行している。以下は、ある地方の企業再建の一幕である。

「私は、いま、先生方が長々と説明したデューデリジェンス（資産の査定）の資料の中身は、さっぱりわかりません。それに、この会社は潰れたほうがいいと思います」

東京から遠く離れたとある地方の支援協議会での第二回目の会議の席上、当職らがA社の会社分割（M&A）を核にした再生スキームの説明を終え、集まった金融機関の方々に対し、「何か質問はありませんか」と言った後の質疑応答の時間、地元を代表する第一地銀の担当者が開口一番、発した言葉だ。

私は、この言葉を聞いて、わが耳を疑った。

当該再生案件のA社は、売上高100億円余り、従業員も100名近くいて、その地方の重要な産業を担っていた。さまざまな多角経営の失敗で膨れ上がった負債のため、固定経費も過大となり、ついには資金繰りが枯渇し、金融機関の返済に窮してしまった。

地元第一地銀の担当者から、「本件では、『支援協議会』をぜひ利用してください。手続きの透明性、事業計画、返済計画の合理性、相当性の点で、第三者の目を通すことでわれわれもそのほうが社内稟議がとりやすくなりますから。それに、金融機関が8行と多いので、その調整のためにも、公の支援協議会の調整機能を活用されてはどうでしょうか」との勧めもあり、地元の支援協議会を活用した経緯がある。それなのに、である。

地元の第一地銀の果す役割とは何なのか

金融機関はお金を貸すのが事業ではあるが、それはあくまでも「手段」にしかすぎないのではないか。国から「免許」を与えられた社会的存在としての金融機関は、「銀行法第一条」(108頁)に謳われるように、国民経済の育成を最大の「目的」とし、その手段として、地域経済を活性化させるための血流たる「お金」の流通に関与する役割を担っているのではなかったのか。

たしかに、お客様から預った大切なお金を貸す(融資する)のであるから、当然、その回収も重要な責務であり、「回収」に支障を生じるような企業倒産や経営危機に過大なストレスを感じるのはよくわかる。ましてや、弁護士が突然入ってきて、全額の返済は困難、だから債権カットすると言うのだから。

しかし、だからといって、経営者、従業員一同が一丸となって必死に合理化に取り組み、支援協議会も弁護士、公認会計士、中小企業診断士等、その道の専門家を投入して、誠実に内容を調査し、「再生の見通し」を見つけ出し、各金融機関にA社の再生の意義、再生の必要性、再生の有益性を懸命に説明しているその席で、件の第一地銀の担当者は、

「本日、長々と2時間近くデューデリジェンスの資料説明がありましたが、さっぱりわかりません。先生が先ほど、『会社再生を考えるにあたって、『何が最善』か、この会社を生かすのが最善か、それとも潰すのが最善か、この会社の存続の意義が見出せるか否かを考えていた』とおっしゃいましたが、その言葉を借りれば、潰すのが最善、すなわち、私は『この会社は要らない、潰れてもかまわないのでは』と考えています」

と発言してきた。

地元の雄の第一地銀の対応、とくに担当者の言葉は、他の金融機関が固唾を呑んで聞いている重要な発言である。自分の立場、とくにその肩書からくる影響力をわきまえて、「あえての発言」なら、私としては許せない。

われわれ再生事件を扱う弁護士は、単に法人という法律上つくり出された会社を見ているのではない。会社の実体は、人的つながりであり、人と人とのコングロマリットの有機的組織体である。法人という法律上つくられた会社を見るのではなく、そこで働くおじさん、おばさん等の従業員、その方々が疲れて家に帰れば、家でその帰りを待っている子どもたち家族の存在、その会社がつくり出す商品を楽しみにしている消費者等さまざまな人々の顔を思い浮かべて企業再生に取り組んでいる。

本当なら、東京からのよそ者のわれわれよりも、地元に根ざす地域金融機関の方々こそ、その思いを強くしなければならないのではないか。誰のための会社再建か、である。

われわれは、弁護士という肩書で勝負してはいるが、われわれの言葉は単なる法律用語ではなく、背広を脱いだ人の親として、家族人としての血の通った言葉で相手の理解を得ようと努力している。

現に本件でも、会社が潰れる悪しき影響は、『社会的』には、商品、製品の供給ストップによる当該地域の取引関係の大混乱、『人的』には、100人を超える社員が職を失い、その家族まで生活の平穏が害され、その人生にさまざまな影響を与える。将来に対する不安は、家族を、心を破壊する。『金銭的』にも、金融機関への返済、配当率は皆無に近くなる。

これに対し、皆の理解と協力を得て、壊れかけた壷を復元すべく再生を成し遂げれば、上記の弊害は回避されるだけでなく、金融機関の目指す債権回収の極大化にも間違いなく寄与できる。何よりも多くの方々の笑顔が見られる。不安や泣き顔は見たくない。

このような具体的数字を挙げての比較衡量から、いま、危機に陥っているこの会社にとり、企業再生が「最善」であると結論に達したのであるが、私のこの説明を聞いても、件の第一地銀の担当者は「それでも反対だ」と言う。これを不合理な反対と言わず、何と言う。まったくの個人的な感情論でしかない。

組織における社員とは

組織の社員としては、組織に「利益」をもたらすか否かを考えて発言しなければならない。

組織人間として、組織に有害となる発言はいかがなものか。**企業再建の現場では、個人的立場としての発言と組織的立場の発言とは、明確に区別されなければならない。**

しかも、**組織としての銀行の存在・役割・目的は、**その銀行法第1条で確認されているように、**地域経済の健全な発展、もって国民経済の発展に資すること**を『目的』としているのだから。

そもそも何か月もかけ、現地に出かけ、ヒアリングと書類をチェックし、汗を流してつくり上げた公認会計士、中小企業診断士の各先生方のデューデリジェンス資料や事業計画を、「こんな資料、さっぱりわかりません」との高飛車な発言は、己の驕りの何ものでもないのではないか。プロとしての仕事を成し遂げた公認会計士さんに失礼ではないか。

しかし、この支援協議会の担当者らは、冒頭の地元の第一地銀の担当者の発言に何も反論せず、黙していたのには少々がっかりした。

いったい支援協議会とはなんなのか。地元中小零細企業の最後の駆け込み寺ではなかったか。地元中小零細企業の不安や悩みを助ける「守護神」の役割を期待され、設立したはずだ。それが地元の実力第一地銀の担当者の言葉に反論するどころか、逆にそれに迎合するかのような発言で再び振り出しに戻るように、本日提出資料の再チェックを行うという議事の進行の仕方はいかがなものであろうか。

企業再生は、慎重であるべきではあるが、「迅速さ」も必要なのである。信用不安がもれ伝わると、ある時期いっきに信用崩壊につながるからだ。これでは迅速性を旨とする企業再生が長々と資料のための資料作成に時間を使われ、核心の企業再生の実施に到達しないのではないか。私的整理ガイドラインが、第一回と第二回の説明会を2か月で処理しようとしていることをぜひ参考にされたい。

いま、地方は疲弊しきっている。このような地方の疲弊の時代だからこそ、支援協議会には強いリーダーシップが要求される。再生という正義を貫くには、己の信念に自信をもってほしい。

頑張れ、全国の支援協議会。

多くの疲れきった中小企業経営者たちが、最後の砦たるあなた方に期待しているのだから。

なお、後日談であるが、件の担当者とはその後さまざまな意見交換をし、彼もその考え方の根底には会社の再建が正義であるとの認識をもっており、私と同じ熱いものを感じ、いまでは親しみをもって接しさせてもらっている。何かあったら、真っ先に電話してお願いしようと思っている。今度は、その地方のおいしい地酒でも一緒に飲みたいものだ。

会社救済ファイル7

まず求められるべきは「回収」より「再生」

――品性なき回収に苦しめられた老舗メーカー

２００７年1月11日と09年1月27日に、私の企業再建の現場を紹介したＮＨＫ総合「プロフェッショナル　仕事の流儀」が放映されたので、ご覧になった読者も多いと思う。

私があの番組で言いたかったテーマ、すなわち、会社経営者は、会社経営のために命や人生を粗末にしてはならない、債権者は経済合理性を追求するあまり、相手となる人間の尊厳や生命、生活を軽んじてはならない、「お金」は人を幸せにするために使われる道具でしかない、これらのメッセージが番組を観た多くの視聴者の方々に伝わったと思う。

その反響がまたすごかった。日本全国にこんなにも経営に行き詰まり、誰にも相談できずに苦しんでいる経営者のなんと多いことか。

本来、相談すべき相手はわれわれ弁護士でなく、借入先の金融機関のはずだ。貸し手である金融機関こそが、取引相手の企業を育成するためサポートすべきであり、困窮状態の企業に救いの手を差しのべるべきであろう。それができる組織力と知恵と経済力をもっているはずだからだ。ただ、われわれが関与する倒産状態の企業に対しては、金を貸してくれとは言わない。倒産の危機に見舞われている企業に対し、6か月程度の時間を貸してくれるだけでいいのだ。

それまでの企業の地元での実績、信用力があれば、その与えられた時間の中で必死に努力して軌道修正をなし、必ずや安定した企業に復活することを、私は数多くの再建事案から学んだ。貸し手たる金融機関側も、貸し始めた当初は貸し先の経営者の誠実性、人間性を重視して貸したはずだ。だからこそ、その経営者の人間性、誠実性を最後まで信じ、会社の復活を待ってあげるだけの時間を、経営危機のこのときこそ貸してあげたらどうだろうか。

再生か回収か

先日、私の所属する東京弁護士会が発行する月刊誌「リブラ」に、RCC（整理回収機構）のこの10年の軌跡を掲載するということで、RCCの幹部の方々（いずれも弁護士）と対談してきた。私の役割は、苦悩する多くの債務者側の代理人弁護士として、債権者たるRCCとこれまでどう対峙してきたか、その数々の現場での話をしてほしい、ということだったようである。

ところで、現在RCCは「回収」と「再生」という2本の柱を擁し、日夜活動していることはご存じのことと思う。それまでの回収一辺倒から、再生権限を付与された後の「再生案件」についても、RCC側の一定の基準をクリアーして、再生案件に「組み分け」された会社に対しては、できる限り再生させるよう尽力しているという。

しかし、あえて非難を覚悟で語らせてもらうが、この28年間、再生一筋に取り組んできた私の個人的な意見としては、この再生機能が有効に活用されているかに疑問の余地なしとしない。

そもそも、ある対象会社につき、「再生案件」か「回収案件」かのクラス分けを、彼らの採用する『ある一定の基準』で行っているようであるが、RCC側の『再生基準』に満たない会社（たとえば、数年間、償却前営業利益段階ですら赤字で、利益が出ていないあるいは資金繰りが成り立たない赤字体質の会社など）でも、金融機関の理解と協力を取り付け、弁済停止という資金繰り改善のための措置に1年の『時間』をいただいて、その間に会社内部の意識改革を行い、徹底した合理化と原価管理、外部人材の登用などで1年後には「営業利益」を計上し、毎月わずか10万円レベルであっても、返済を開始した会社が多数実在するからである。

RCCの一担当者が、一定の基準にしばられ、会社およびその従業員の家族、子どもたちの生活に影響を与える、天国か地獄かを決めるえんま大王であってはならない。

少なくとも、「弁護士」をその職業に選んだ者としては、「助けてほしい」という依頼者の声や叫びを無視するわけにはいかない。**なんとかしよう、なんとかしてあげたいと思うのは、弁護士だけでなくても人間として当たり前**だと思う。

もちろん、そのすべてを助けられるわけではない。当職ら再生チームが一生懸命努力しても、債権者らの理解が得られず再生できなかった例ももちろんある。しかし、結果として助けられなかったそんな事態においてさえも、依頼者の方々からは私たちの努力に感謝すると言っていただいている。ありがたいことだ。

結論から言えば、RCCを含む金融機関への返済ができなくなった会社とは、つまるところ資金不足による経営危機会社だ。回収対象となった会社でも、RCCに助けてほしいと言ってきたなら、まずは「再生させよう」、あるいは「再生してあげられないか」と思考するところから始めてもらいたい。

次に、「回収能力」を前面に打ち出すことがRCCという会社の強みであり、まさに会社の存在価値であることはよくわかるし、否定しない。しかし、こと経営危機に瀕した会社が助けてほしいと要請している、**「再生」という異常な局面にあっては、助けるよりも「回収」活動を強く打ち出すことになっては、倒産法制の趣旨（調整機能と再生目的）に反しよう。**

なぜなら、ある会社が経営危機に陥って、債権者に助けてくれ、支払いは待ってほしい、借金をカットしてほしい、と再生をお願いする場合、**債権者が会社のお願いに耳を傾けることなく個々に回収面を強調して取立て行為等に走ると、間違いなくその会社の再建は困難となる**からだ。だからこそ、民事再生でも会社更生でも、「再生目的」実現のための「調整」機能を発揮し、個々の取立てを禁止、再生計画案の賛否を問い、その計画に従って弁済されることになっているのだ。

そもそも**「回収」とは、『対立した当事者構造』を前提として、債権者と債務者が綱引きするようなものだ。しかし、「再生」という特殊局面では、この対立構造は否定される。**すなわち、一対一の弁済、抜け駆け的な回収は「偏頗弁済」として規制され、権利関係がそれぞれ異なる複雑な集団構造となり、**常に全体的な視野に立ち、『衡平』『公正』『全体の平等性』を図りながら、「調整」機能を発揮し、『再生』という一つの方向（目標）に向け全員の足並みを揃えなければならない。**それが法の趣旨なのだ。

そこには、決して一対一の対立当事者的な構造のシステムを介入させてはならない。換言すれば、**利害関係人全員が幸せになるために、再生という究極の目的・目標の前には、一当事者が満足するための回収という「手段」は一歩後退して然るべき**なのである。

果たして、この原理がどこまでRCCの中で実践され理解されているかは、私が体験した以下の事案に鑑みると、疑問が生じてくる。

本項は、私が経営危機に瀕したある会社の再生事案を通じてRCCと交渉するなか、「再生vs回収」というむずかしい局面で突き当たった出口のない悩みと憤り、そして私なりの個人的見解を問題提起として皆に考えていただきたく記すものである。

老舗メーカーの誤算

関西地区のあるメーカーA社は、社歴40年以上という、地元では老舗の部類に入る堅実な会社であった。とくに工法、製造において特殊な技術を有していることの強みから、取引先の信用には絶大なものがあった。

A社の大手取引先・H社が関東に進出するということで、A社も関東地区に土地を取得し、関東工場を建設して売上高の倍増を狙った。その用地取得費用や工場建設費用をすべて金融機関からの借入金で賄ったため、借入金もいっきに膨らんでいた。

数年後、その大手取引先・H社の経営方針の変更（取扱い品目の減少）、入替えなどにより、H社の関東工場での主力商品構成が変わってしまった。H社の主要商品の受注生産を請け負っていたA社の、関東工場での生産は半減していった。このままH社の取引に依存していては、いつまでたっても、新設したA社の関東工場を維持できるだけの取引量にはならないことが判明した。A社は、2階に上げられて、はしごをはずされた格好になってしまった。

やむを得ず、A社は大手取引先からの受注を中止し、関東地区から撤退して関西地区を中心とした本来の営業に戻ろうとしていた。しかし、そのときはすでにバブル経済がはじけており、関東工場の売却価格は大幅に引き下げられてしまい、A社には大きな借金（10億円）だけが残ってしまった。

関西地区でのA社の売上高は、年間3億円前後であった。売上高が3億円規模の会社に、関東工場撤退後の負債10億円の借金はあまりにも重かった。A社の資金繰りは坂道を転がるように悪化していった。

社内の合理化の実施によって人件費を含めた経費削減をして、なんとか「営業利益」を若干計上できるレベルまで回復した。しかし、取扱い商品は季節性があり、変動要因もあるため、とても債権者に借入金の元金の返済をできる資金繰り状態ではなかった。

売上高をはるかに超える借金（有利子負債）がA社の資金繰りをむしばんでいったことは、想像に難くない。

当事務所に相談

やがて、先代のA社の社長が私のところに相談に来た。話を聞いて、私はA社長にまずはこう説明した。

「返済できる体力があるなら、毎月わずか数千円でもよいから返済をしていきましょう。1社当り5000円の毎月の返済でも、6社への返済があれば月に3万円となり、年内40万円弱の返済金額となる。返済金額が少ないことは決して恥ずかしいことではない。

まずは息をしている（まだ死んではいない）ということを見せないといけない。何もしないでそのまま目をつぶっていると、死んでしまったと思われて、金融機関が次のステップ（執行＝回収）へ進んでしまう。だから、会社が生きていることを示すのです」

債権者の立場からは、苦しいながらもなんとかしてでも返していこうとするその応対・誠実さを、きっと評価してくれるはずだ。私は、数多くの会社再建の体験をA社社長に説明した。

A社は少しずつではあるが、返済を開始した。未払い額が多くあった社会保険庁には、私も同行して真っ先に説明をしに行き、24回分割と少しずつではあるが減債を開始する旨、申し出た。

その後、5年あまりこのような返済が続いた。RCCもわずかな返済額ではあるが、金融債権者のプロラタ返済ゆえ、平等性を有する返済であることを理解して、『元金優先充当方式』で対応し、会社の再建に協力してくれた。

それでも、関西地区の不況はますます深刻になった。売上高は3億円を切り、2億円を下回るまでに落ち込んでしまった。その後、先代のA社長が病気で亡くなり、この苦しい経営のA社を、息子が引き継いだ。

再び、金融機関への毎月の返済が困難になっていた。

RCCの対応が変化した

そして、RCC返済が数か月滞っていた頃、RCCからこの息子に対し、担保に取っているA社の工場（土地・建物）の評価が1億8000万円前後あるので、貸付残元金2億5000万円はムリでも、担保を処分してでも1億8000万円の一括弁済をしてほしいとの要請が始まった。このときのRCCには、すでに『再建機能』が付与されていたにもかかわらずである。

私は、現在のA社の資金事情では、とても1億8000万円以上の返済は困難である旨を説明した。加えて、A社は営業利益を出し、再建の見通しのある会社であることは、RCCも理解していた。

しかし、RCCにはA社の製造工場の土地・建物に第一順位の根抵当権が入っており、RCCは担保権者の立場を強調した。

この土地・建物の価値について不動産調査をしたところ、この時点では1億8000万円くらいする（当時）と調査が上がってきた。RCCは7000万円近く回収できないことにはなるが、これを処分して1億8000万円の返済をしてほしい、と要請してきた（もちろん、RCCの破綻銀行からの買取り価格は上回っているであろうが）。

A社にとってこの土地・建物は唯一の製造工場である。この製造工場を失うということは、もはやA社はメーカーとして存在することはできず、その歴史に幕を閉じることになる。人間でいえば、心臓を売れ、つまり、A社に死んでしまえ、というのと同じことだ。それだけは断じて避けたいという思いが強くあった。

そこで、私はなんとかRCCに時間をもらい、長期弁済で了解してもらおうと『特定調停の申立て』を行った。特定調停手続きというのは、「調停委員等の第三者が入った、裁判所による話合いの場」のことである。調停が成立すれば、判決と同等の効力をもつ。内容は次のとおりだ。

A社が抱える借金は10億円。3億円の売上規模のA社にとって、返済することは不可能に近い。そこで、役員たちにより新会社を設立して、その新会社へ事業譲渡を行う（MBO）。これにより旧会社の借金10億円のうち8億円を切り離し、新会社には2億円を引き継ぎ、担保価値相当分の2億円を、超長期間の35年（年間600万円）かけて返済するという提示内容だ。

しかし、RCC側としては、とても35年も待っていられないとの回答だった。私は「再生機能」を強く主張し、公的機関のＲＣＣこそ他の金融機関以上に旗振り役となって、企業再生の後押しをしてほしい、と何度も何度もお願いした。仮に、35年の時間的猶予をいただき、その期間にさまざまな事情が生じて、ＲＣＣへの借入残元金をすべて返済できなくなったとしても、A社の工場を第一順位で取っているのだから、担保の価値分の1億８０００万円は十分に回収できるのではないか。

A社が自主的に再生できるための時間をいただければ、ＲＣＣの要請する「回収」面と債務者側が臨む「再生」面が上手に噛み合い、すべて丸く収まるので、ぜひ当職らの『ＭＢＯによる事業譲渡スキームによる再生』に理解を示してほしいと強く訴えた。

だが、私の思いはかなわなかった。

「先生のお気持ちはよくわかりますが、目の前の2億円の土地を私たちは手にしており、最近この辺りの土地は値上がっているようですし、需要もあります。競売等でも1年足らずで十分に2億円の換価金を手に入れることができるのに、どうして35年も待たなければならないのでしょう」と問われた。

『回収』という面を強く打ち出せば、そのとおりだろう。しかし、働いている社員、この会社の製品を待っている取引先はどうなるのだろう。そのご家族、子どもたちの生活は、どうなってしまうのだろう。家庭や心が壊れてしまわないだろうか。

それでも、「35年の返済期間を与えてほしい」との私の願いは認めるわけにはいかないという姿勢は変わらなかった。

「先生、現在RCCが担保に取っている土地の立地条件は、高速道路にもすぐ出られて地形も良好で、優良物件です。いまなら2億3000万円で売却できるという情報もあります。関西地区の土地も値上がりしていますから」

RCC側には、『担保』なのだから、売却して返済するのが当然であり、土地の値上がり傾向のこの時期では、いますぐ2億3000万円を「回収」することで満足を図りたいという政策的な面と、債権回収の極大化を図るということが経済合理性に合致するという説明であった。

そこで、妥協案として、当該工場を第三者に「任意売却」する方向を強く勧められた。

A社としては任意売却による『リースバック方式』も考えはしたが、賃料等の条件で困難であった。RCCとしてはかれこれ5年間もA社の支援をしており、これ以上時間を費やせない。調停を打ち切って、3か月以内に競売の申立てをせざるをえないと通告してきた。

A社側はやむを得ず、工場の引っ越しをする、工場を半分売却する等の案なども検討したが、これらの案は頓挫した。扱う商品構成から空調設備等が整った工場でなければならず、このような条件を満たす「引っ越し先」はなかなか見つからなかった。また、引っ越し費用に大型機械の移転設置等3000万円以上も必要となるからだ。

結局、調停は3回開催して、不調となった。調停委員の先生方からもRCCの担当弁護士を説得してくれたが、担保物の回収一点張りのその強さの姿勢に、「なんとも、仕方がない」といった様相であった。

競売の申立てと全従業員の解雇

そして、3か月後、宣告どおりRCCにより『競売』が申し立てられた。「債権回収」という強い要望がある以上、それはそれで仕方ないであろう。しかし、この唯一の製造工場に対する競売申立て行為は、債務者に対して再生の意欲を削り、「あきらめて倒産やむなしと覚悟せよ」という事実上の宣告に等しかった。

当然であるが、A社の経営者は気力も萎え、茫然自失の日々を送っていた。いよいよ、最低競売価格が発表されるというときが来た。全社員を集め、息子のA社長は覚悟を決めて話を始めた。

「皆さん、長い間この会社で一生懸命働いてくれたことに感謝します。会社は多額の借金を負い、返済が困難となりました。せめて、皆さんの職場であるこの製造工場を残そうと担保権者にお願いしてきましたが、それはかなえられませんでした。この工場はまもなく人手に渡ってしまうでしょう。皆さんの職場を守れませんでした。すべて私の力不足で、ごめんなさい。

今月いっぱいで皆さんには辞めてもらうことになりました。会社は来月から閉鎖することにします。私はこれから取引先に行き、お詫びと今後の受注調整の相談に行ってきます。皆さんに最後のお願いです。せめて今月いっぱいはA社の製品の質が落ちたと言われないように、A社の社員だったという『誇り』をもって、いままでどおり製品の製造をしてください。本当に長い間ありがとうございました」

従業員は皆、かなり年をとっていた。熟練工として、このA社で何十年にわたって技術を磨いてきた。さまざまな思いが職場にあふれていた。社員の顔の深いしわがそれを物語るかのようだった。従業員の中には涙を流す者もいた。

皆、不安の顔を隠せなかったが、社長に詰め寄るような社員は1人もいなかった。これまで先代のA社長が1人で債権者と立ち向かい、なんとか再生しようと努力していたことを、皆よく見ていてくれていたのだ。私もこの従業員たちとは、何度となく会社の将来の夢を語り合ってきた。

社長から従業員への会社閉鎖を告げるあいさつは、平穏にしかし重く苦しみの声で終わった。しばらくは、深い沈黙が工場内を包んでいた。

先代社長からのプレゼント

RCCに対する35年の長期弁済を断られ、結局RCCから製造工場の競売を申し立てられ、会社継続を断念した（させられた?）A社の社長は、従業員に懺悔の念と解雇を告げると、その足で取引先に出向き「年内をもって廃業することになったので、今後の発注は他の業者にしてほしい」とあいさつして回った。

突然の会社閉鎖・廃業は、発注者の生産工程や出荷工程に狂いが生じ、迷惑をかけてしまうからである。これまで長年にわたってお付き合いしてきた取引先に迷惑をかけないためにも、事前に会社閉鎖時期を伝えて、彼らに発注先の変更の時間を与えることが、会社閉鎖を決めたA社の誠意を示すことになる。A社社長は私の指導に従って、取引先を回っていった。

取引先は、口々に「残念だね」「大変だったね」などと慰めの言葉をかけてくれた。なかには、「明日はわが身」と感じていた会社もあったのであろうか。

数日間を取引先へのあいさつに費やしていたある日。

取引先のB社から「なに、会社やめちゃうのか。亡くなられたお父さん(先代の社長)の代から20年以上付き合ってきた仲ではないですか。もしよかったら、うちでA社の仕事をやらせてくれないか」と、スポンサーの申し出があった。

B社はちょうど会社を拡張し、自社で工場をもちたいと思い、工場用地を探していたところだったという。A社の工場は高速道路へのアクセスがよく、工業団地内という立地条件から、B社長にとって魅力ある物件に映ったようだ。そこで、A社長はこれまでのRCCとの交渉の顚末をB社長に説明した。

RCCとは弁護士である私を通じて、新会社が2億3000万円を支払うことで、土地・建物の担保を外してくれるところまでは交渉のうえ話がついていた。ただし、その(新会社が払う)負担分の2億3000万円を返済するには、35年という期間が新会社の収益力からみて適正な期間なのだが、RCCはそんな長期期間には応じられず、一括弁済以外は応じられない、といっている。いまのA社の力ではどうしても一括弁済資金は用意できず、各金融機関に融資の申し出をしてもなかなか良い返事がもらえず、ついにRCCから競売が申し立てられてしまった、などと経緯を説明していった。

「では、2億3000万円で工場の担保が抹消できるのですね」。「はい」。

するとB社長は、「よし、その2億3000万円をウチで用意しましょう。工場長を含め、従業員全員をうちで引き受けます」と言ってくれた。

真っ暗闇の中、一筋の光が見えた瞬間であった。亡くなられた先代の社長からのプレゼントだと、感じざるを得なかった。

さすが債権回収のプロの品性なき回収

すぐにRCCの担当者に、スポンサーにB社がついてくれ、2億3000万円を用意してくれることで話が進んでいるから、「競売の取下げ」をお願いすることを申し出た。

A社長は、RCCが喜んでくれると思っていた。当然である。担保抹消交渉時においてRCCは2億3000万円を主張し、その金額が払えればよいという姿勢だったからだ。

しかし、だ。RCCの回答は期待に反して「NO」であった。

説明はこうだ。

「A社長、たしかに半年ほど前の裁判所での調停の席では、当方は担保抹消費用として2億3000万円という額を提示しました。しかし、あれから時が経っています。あのときは2億3

000万円で応じるつもりで社内の決済をとっていましたが、A社の工場の周辺は土地が値上がりしているようなので、いまとなっては2億3000万円という価格では担保を外すことはできません。担保の価値が2億3000万円を超えている以上、担保価値を割って了解するわけにはいきませんから。そうですね、いまならあの土地は、2億5000万円以上はするでしょう。2億5000万円以上でないと、話は進みませんね。

それと、われわれは競売で売却されてもやむを得ないと本部で決済され競売価格を設定していましたが、『任意売却』となると『競売価格』をかなり上回る価格でないと、とてもムリでしょう。RCCとしては『債権回収の極大化』との使命がありますからね」

なんという対応か。競売を進めていたわずか半年の間に、10〜20%も土地が値上がったわけではないのに、「周辺の地価から見て、いまでは2億5000万円（債権元本残高全額）以上でないと担保を抹消しない」とは、どこまで「回収」にこだわるのだろうか。RCCの担当者に、債務者会社の従業員やそのご家族、取引先らの顔が見えているのだろうか。私は大いに憤った。

RCCが銀行から取得した価格を口に出すのはタブーであろうが、額面の債権元本残高全額を要求しようとするのは、スポンサーによる再生局面で一縷の望みを賭けた従業員らのことを考え、RCCの公的機関性に照らせば、やはり、「回収」面の行きすぎではないだろうか。

この場合、この時点で民事再生を申立て担保抹消請求を使う手もあったが、RCCを含む金融機関が債権者の過半数を占め、なによりも息子であるA社長もスポンサーを申し出ているB社の社長も社会的信用が失墜してしまうことを恐れ、極力裁判所の手によらず、任意の売却

（話し合い）にこだわっていた。B社の社長はやむを得ず、当初の2億3000万円より2000万円高い2億5000万円で買い受ける旨を、A社の社長を通じてRCCに伝えた。

これですべて、解決するはずだった（と思った）。しかし、信じられない言葉が返ってきた。「不動産はまだ値上がっているし、利息・損害金の未回収分が相当額にのぼっている。これまでのA社の返済金は、元金に優先充当（内入れ）してA社の支援をしてきてあげたから、むしろ利息・損害金のほうがたまりにたまってきた。これを少しでも回収するのもわれわれの役割である」

なんと、今度は債権残元金全額の約2億5000万円ではあき足らず、さらに「利息・損害金」の一部（プラス2000万～3000万円）まで回収する要求を始めたのである。

ここに至っては、私としては、B社もさすがに手を引くかと思った。

しかし、B社の社長は、2億8000万円を投下してでも好立地のA社の工場がほしかったのか、A社の技術力、仕事内容、知名度、主要取引先に惚れ込んでいたのか、A社の先代の社長との絆がそうさせたのか、辛抱強くRCCの要求を聞いていた。RCCの、相手の欲求度を見るような交渉の仕方もたしかに交渉技術の一つであろうが、公的機関という立場上、企業再生の場面での品性という点ではどうかと思う。

結局、2億8000万円前後でRCCとは話がつき、現在A社の工場はB社の工場として稼働し、従業員らは雇用の場を失わずにすんだ。

私はA社を「再生」対象として位置付け、数年にわたって励ましてきた。しかし、RCCは最後にはA社を担保ゆえの「回収」対象と位置付け、相手方の欲求満足度というファクターを上手に利用して、きっちり回収しようとした。回収面だけ見れば、お見事としか言いようがない。さすが回収のプロだ。

しかし、今回はあくまでB社というスポンサーが現れたという、偶然にすぎない。たまたま、A社を救済しようとするB社がスポンサーとして現れたから、RCCの要望は満たされたが、競売で決着がついていたら、RCC側も今回のように債権額の回収は達成できなかったであろうし、A社側も破綻し、従業員らも失意のどん底の中、不安な日々を歩むことになってしまっただろう。結果としてはRCC側もA社側も救われたが、あくまでも偶然にすぎなかったことを考えると、本件の結末はいまでも私としては納得できないものであった。

「人の道」とは

会社経営者も従業員も取引先も、皆が再生を願うその局面にあっては、ぜひ回収側においても再生の目的を第一義におき、回収は一歩後退する形で行ってほしいというのは、再生弁護士としての私の願いである。担保をもっているなら、なおさらのことである。担保は逃げはしない。再生がダメになったとき、その担保で回収すればいいではないか。

この議論を、返せない債務者側が悪いというひと言で片付けてはならない。**全額を返**

せない（**返済不能**）**という事実を肯定したうえで、それでも再生させることの経済的、社会的意義の重要性を認め、弁済よりも再生を優先させようとするのが会社更生法であり、民事再生法の各手続き**である。

たとえば、裁判所による「弁済禁止の保全処分」の発令で自発的に返済することを禁じ、まずは資金繰りの安定化を図り、再建のスタートを切るとともに、返済についても後日提出させる更生計画や再生計画にしたがって支払わなければならないという法的拘束があり、**債務者としてはある意味、法に守られて再生の道を歩める仕組みになっている。**その反射として、債権者の回収行為は制限されているのである（もっとも、民事再生については担保権者の回収行為については法の枠外に置き、担保の実行についてある一定の制約があるものの、原則としては自由に権利執行できることになっている）。

これらの法の内容に鑑みると、**法も、返済よりも「再生」の方を重点に置き、有形・無形の『社会的資産』を倒産・清算により毀損してしまうよりも再生して活用する方が有益であり、さまざまな角度から分析しても社会正義であることを認めている**のである。

ただ、おしなべて政府系金融機関が「債権放棄」など、会社を経営悪化に追い込んだ原因の除去による会社の再生への後押しに消極的であることはいかがなものか。

大手都市銀行や地方銀行は、次々と新しい再生の手法を生み出し、担保の意味するところを研究し、自身の債権回収を限度に抑えることと割り切り、企業再生の支援に積極的である。それに対し、より会社という価値の社会的育成を後押しすべき公的・社会的立場の政府系金融機関がむしろ債権放棄に消極的で、いまだに再生しようとする会社の再生手法の足を引っ張る現実はどうにかならないのかと、私はいつも再生の現場で唇をかむ。

再生の向こう側にいる多くの人間たちの顔が見えるからだ。そのご家族の幸せそうな家庭が、会社の倒産でガタガタと崩れていく姿は、もう見たくない。

私は、「力の強い者が弱い者を助けるのが当り前であり、人の道である」と教えられて育った。

再生の現場では、弱き会社側に対し、強きRCC他金融機関が救いの手を差しのべることこそが「人の道」ではないか。

本項は、再生の現場でのジレンマに悩む私の出口のない問いかけである。今後もずっと悩み続けることになるのであろう。ご意見をいただければ幸いである。

会社救済ファイル 8

「対症療法」ではなく「根治手術」を

――売上右肩下がり時代に「リ・スケ」で真の再生はむずかしい

貸し渋り対策法案

2009年11月30日、返済猶予も含めた貸出条件変更の努力義務を金融機関に課す、「中小企業金融円滑化法」(以下、「円滑化法」という)が成立した。この法案に対する世間の意見は、賛否両論あるという。

ここにいう世間の意見には、大企業の社員から中小企業の経営者等、混然一体としているが耳を傾けなければならないのは、しょせん他人事の議論をしている第三者の意見ではなく、いままさに死に直面している、中小企業の経営者や職のない若者その人たちの声であろう。

なぜなら、憲法25条で明記されている「すべて国民は、健康で文化的な最低限度の生活を営む権利を有する」という権利は、日本国民一人ひとりに例外なく保障されているからだ。あなたは例外として保障しない、どうぞ死んでくださいとは、決して言っていないのだ。

だから、本当に事業を継続したく、雇用を守っていきたく、決して高望みなどしない、1日にビール1本でも飲めればいい、ごく普通の安らかな生活でいいと切実に願っている、いわゆる社会の底辺で暮らす人々の気持ち、意見ほど、重く価値あるものとして、格別に耳を傾けなければならないはずだ。

日本には、中小企業とされる企業は420万社（個人事業者を含む）以上あると言われている。全企業の実に99・7％だ。そこには2800万人（全企業の71％相当の人数）もの人々が働いている。この不況の波に飲み込まれ、実にその中小企業の約8割が赤字だという。しかも、ほんのひと握りの大企業といえども、業種のいかんを問わず、その下につながる多くの中小零細企業の仕事のお蔭で成り立っていることも事実だ。

この中小零細企業の方々の声が、私にはたくさん届いている。戦場での野戦病院で傷つき、血を流し、明日には息を引き取りそうな、そんな中小企業を、毎日毎日見てきている私には、この中小企業の方々の悲鳴が耳について離れない。

こんな現状では、私に限らず、企業再生専門の弁護士たちは、まず出血を止める「弁済禁止」の保全を求める。法的手続きでは当然である。裁判所が「弁済をしてはならない」という決定を例外なく出す。そうしないと、再生ができないからだ。私的再建でも、私は金融機関に6か月から1年程度の元利金の弁済停止を求める。

金融機関が「NO」と言っても、会社側としては弁済を停止しなければならない。そうでなければ、法的手続き同様、再建の第一歩が踏み出せない、生き残れないからだ。これをわれわれは「**バンドエイド効果**」という。止血のためのあの絆創膏だ。

そもそも金融機関に対し、「会社が大変だ。死ぬかもしれない。いますぐ緊急手術しないと会社は助からない。ぜひ手術に協力してくれ」と会社の現状を正直に告知することから始まる**再生手続きでは、**究極的には、その再生の処方箋が示されなければならないが、それまでに死んでしまっては意味がない。そのとき**必要なのが、いま、目の前で血がどくどくと流れている患者の止血**なのである。

「円滑化法」の3年間の弁済猶予は、まさにこの裁判所で行われている「弁済禁止の保全処分」と同じ発想だ。再生するための当然の処置であり、これなくして再生は不可能である。ただ、履き違えてならないのは、究極の目標は「再生」であって、この「猶予」はとても大切な措置なのだが、あくまで究極の目標のための一手段にすぎないということだ。

3年間の弁済猶予でありがたがっていては、単にビデオテープを一時停止したにすぎず、3年後再生のスイッチを入れても、会社が旧態依然として何も変わってなければ、再び倒産の現実が目の前に現れるだけだ。

肝心なのは、この3年の間に企業側がどれだけ血を流すかである。悪性のガンに侵されていれば、その腫瘍を切除する手術を敢行できるかである。そして、銀行が会社とともにその腫瘍の切除手術に協力できるかであろう。

経営者としてなすべきこと

会社経営者として、自宅を残したいとか、保証人に迷惑をかけたくないとか、そんなことを言っている暇はないはずだ。当然、金融機関からの新たな借入は望めない。しかし、「借入」が売上や利益に比し、相対的に多すぎるから、資金不足に陥るのであって、資金不足からの解放や過大債務との決別のために弁済停止（猶予）をお願いしなければならない。これ以上、借入に頼る企業経営とは決別しなければならない。

金融機関からの借入がないと、企業は立ち行かなくなると皆、思っている。そんなことはない。私の顧問会社の大半は、この10年、20年、銀行から1円のお金も借りないで経営をしている。それで会社が苦しいかというと、そうではない。むしろ、安定経営を楽しめるようになったという。

そうだろう。過剰債務という借金から解放されたのだから。借金を返済することを第一義として働かなくてすむようになった。会社が生み出す商品やサービスを待っているエンドユーザーの笑顔を楽しみに働けるようになったのだから。

要は、経営者にその覚悟があるのかだ。経営者、その従業員らにも、相当なる犠牲を払う覚悟が試されよう。となると、人員の配置、年齢構成、給与体系をもう一度考え直さなくてはならない。これまでの古い歴史は捨てなければならない。いや、ウチは30年、40年、この体制でやっているという言い訳は、もはや通用しない。私は、企業再生のためには、全従業員に対しても20％以上の賃下げを要求する場合がある。そうしなければ、消費不況のこんな時代を乗り切れないからだ。お父さんの給料が下がったら、子どもたちにもその旨を告げ、一緒に頑張ってもらわなければならないのは当然だろう。会社と従業員の関係も然りだ。

経営者はすべてを失う覚悟、従業員も給料が半減する覚悟があって初めて、再生への道が開けるのである。たしかに「3年間の弁済猶予」で「再生の国」への懸け橋がかけられるであろう。しかし、懸け橋がかけられたとしても、それだけで何の行動も起こさなければ、そこには再び、経営危機という地獄が待っているだけなのだ。

金融機関側は、とっくにそのことを知っている。しかし、金融機関側はあくまで「回収」という意識で債務者たる中小企業にあたってくる。しかし、**再生の現場では、「回収」と「再生」は相反する概念であり、この両理念は相容れない。**

再生という究極の目標を掲げ、再生にこそ大きな「意義」「理念」がある以上、再生の現場では、「回収」という目的は一歩引いて対応しなければならない。**まず、再生があってこその回収という法理でなければ、決して満足する再生は行われない。**悲惨な再生は、債権者にも債務者にも、不幸なだけだ。

そもそも3年の猶予期間は、私の個人的意見であるが、長すぎてよくないと思う。この3年間という期間、ぬるま湯につかり過ぎてふやけてしまい、体がなまってしまうことになるだろう。借金体質にどっぷりつかっている会社は、何ごとにも誰かに頼る癖がついているから、3年の猶予期間の居心地のよさ、まだ時間はたっぷりあるとの楽観的感覚から、かえって会社を堕落させてしまうことになりはしないか、心配だ。

私が行う私的再建での弁済猶予のお願いは、長くて1年までだ。あと1年しかないという緊張感が、会社の体質改善作業を強く後押ししてくれるのだ。ことをなすためには、自分にタイムリミットを設定することが効果的だ。勉強もそうである。帰宅部でたっぷり時間のある学生より、部活に精を出し、夜遅く帰宅して、床に就くまでの残り時間の少ない、志のある学生ほど、そのわずかな時間の勉強に集中力が高まるのである。

会社がなすべきこと

さて、この猶予期間を金融機関からいただいた中小企業が、この期間になさなければならないことは何か。それは、壮絶な会社内での体質改善という闘いだ。

どういうことかというと、まずは財務面・事業面ともに会社の中身を徹底的に調査し直すことだ。公認会計士による資産査定が必要だ。そのためには、不動産鑑定士による不動産鑑定も必要だろうし、土壌汚染の疑いがあれば土壌汚染の調査、築年数の古い建物であれば耐震構造のチェック等が必要となる。在庫の洗い出しや処分による膿出しも必要であろう。これらの調査に2〜3か月は要するだろう。

さらに、各部署・部門の「採算性」を再チェックしなければならない。当該売上を達成させるための適正な人員配置になっているか、そもそも不採算部門はないか、不採算ならば、採算（黒字）部門に短期間で改善できないか、できないとしたなら、閉鎖すべきか、その時期はいつか、閉鎖コストはどのくらいかかるか等、P／L面の再チェック、資金繰り計画は必要であろう。

そして、何よりも手をつけなければならないのは、「人件費」の点である。

従来、人件費については、労働基準法上の保護もあり、あまり手をつけたくない経費であったが、金融機関に弁済猶予、債権カットのお願いをするほどに、企業の健全化に赤信号のついた危機状況にある会社ならば、聖域を設けることなく、人件費の圧縮にも手をつけなければならない。

たしかに従業員の生活もあり、士気にも影響するとの視点から、極力手をつけるべきではないとの意見が主力であることはよくわかる。しかし、従業員の生活も、仕事へのモチベーションの維持も、そもそも会社が生き残されてこそ、である。会社が生き残れず死んでしまえば、従業員の生活を守ることも、士気を高めることも、まったくのナンセンスだ。会社の危急存亡のときには、どんなことをしてもまず生きることに、いまをしのぐことに、全力を注ぐべきだ。

となると、最低賃金保障の制度はあるが、一度全員を最低賃金にまで下げるくらいの荒療治は必要だろう。

ただし、従業員の給料を一律・形式的に30％カットなどしてはいけない。従業員は老若男女の方々がおり、その生活様式もさまざまだからだ。従来の給料が比較的高額となっている高齢者世代と、若い世代は峻別すべきだ。50歳、60歳を超え、子どもも巣立ち、子どもに手がかからなくなった年齢の方々は、月の給料が10万円から20万円でも十分であろう。しかし、子どもが多く、いまだ生活費、教育費、住宅ローン等多くの費用がかかる若い世代は、元々が給料が低いから、これ以上の給料カットでは生活そのものに行き詰ってしまうだろう。


給料カットでぶつぶつ文句を言うのは、いまの会社の危急存亡の状態がまったくわかっていないからだ。自分が乗っている船が、まさに沈没しようとしているのだ。それなのに、そのサービスが悪いとか、もっと食事をよくせよ、ベッドをよくせよと言って、何になるというのか。船が沈没するとわかれば、皆で協力し合って沈没しないように積み荷を海に投げ捨てるのが、生き残る道であろう。

なぜいまさら、私がこんなことを言うのかというと、会社再建の現場で従業員らの意識と経営者側の意識に相当な差があることが、最近よく見かけられるようになったからだ。経営者側と従業員側に意識の差があったままでは、「双頭の蛇」ではないが、右と左に分かれ、再建の道をまっすぐ歩くことなどできはしないことが経験上、わかっているからだ。

もし、上述した**会社のなすべきことを会社が躊躇するならば、円滑化法に基づき、弁済猶予**

を申し出られた金融機関のほうで指導してやることだ。

弱者たる借主は、会社の窮状を打ち明けたのだ。とすれば、強き者たる銀行が救いの手を差しのべなくて、誰が救えるのか。強き者が弱き者を救う。人の道として当然ではないか。それなのに**金融機関として何もしないで放置することは、ますます当事者双方にとって不幸を招く**ことになる。

「円滑化法」の実用的利用方法

「円滑化法」を使うということは、そういうことなのだ。そう言うと、将来、金融機関からの借入ができないのなら、この法案を使うのはやめようかと考える経営者が出てこよう。しかし、その考えこそ、誤っている。

営業利益が少しでも、たとえわずかでも出ているのであれば、その会社は生存している社会的意義があるはずだ。そんな社会的意義を有する会社が「過剰債務」に苦しめられているのは、資金繰りに窮しているはずだから、この法を使わなければならない。考える必要はない。

そして、万一、金融機関からの借入ができなくても、前述したとおり、会社は存在できることを知るべきだ。もちろん、過剰債務を切り捨てて、新会社での有利子負債は新たな売上での収益で返済できる限りの債務に圧縮しているから、会社が新旧分離する前に、苦労した毎月の返済の重石から解放されているから、新たな借入を起こさなくても十分に会社はやっていけるのだ。

営業利益こそ出ているものの、過剰債務に苦しめられて、資金繰りでアップアップ。このままでは新たな借入を起こさなくては、取引先への支払いができず、資金ショートして倒産が必至という会社なら、ぜひこの法を利用するといい。否、経営者としては、利用しなければならない責務があろう。

その返済猶予の間にこそ、前述したように従業員ともども血だらけになりながらも、過剰債務という悪性の癌を除去する手術（たとえば、第二会社へと新旧分離手術をする）を行うがいい。そうすれば、手術後にはきっと明るい未来が待っているはずだ。

この点、金融機関は債権回収という立ち位置に立つから、たとえ100年かかっても、何年かかってもいいから、全額返してほしいと主張する。金融機関の「回収」という立場からは、それは正しいであろう。しかし、**「再生」という緊急・異常事態下では、「再生」の果す社会的意義が優先する**ことは自明である。**雇用の確保は、生命・生存・心の救済につながる**からだ。**債権者側としても、再生があってこそ、初めて回収が見込める**からだ。

しかし、「リ・スケジュール」という単なる条件変更、返済条件緩和という措置で助かる企業は、よほど体力のある企業であって、残念ながら、体力のない中小零細の大半の企業は実は、助かっていないのではないか。

たしかに、目先の2～3年あるいは5～6年は何とか生き延びても、未だ多くの債務を抱えたままでは、日々発生する金利という重石にその弱り切った体力がもたないからだ。会社も長い間に老いる。設備が陳腐化し、新しい設備投資をしていかなければ、活性化していかない。しかし、その資金すら、会社に残っていない。

あるリ・スケジュール案件の顚末記

過剰債務問題にはメスを入れず、過剰債務問題を内含したまま、その会社の収益にそぐわない従来の借入金のまま発生する「金利」を支払い続けた末に、結局ギブアップし、私のところに助けを求めてきた会社がある。同社は民事再生をして、過剰債務をカットして再生を果たした。また、同様の過剰債務に対して、金融機関の全額返済要求の意向に逆らって、第二会社を設立して再生を果した会社なども数件存在している。

これらは私のところにやって来る前、そのすべてが皆、単純なリ・スケジュール案件だった。ここからわかるのは、いわゆる**現在の世界同時構造不況下**において、しかも、わが国の政府・日銀がデフレ経済を発表した**いまの時代の経済情勢下**において、**売上不振が甚だしい業態の企業については、単純な「リ・スケジュール」では、**単に数年間、生命をもたせる生命維持装置のようなもので、**健康体になるための抜本的解決にはなっていない**ことだ。

「返済計画について、質問ありませんか」。ある地方都市での中小企業再生支援協議会（支援協議会）、第二回目の金融機関説明会でのことだ。

その会社（A社）は、建築資材の中のある特殊な部品をつくっており、その製品は全国の80%近いシェアを占める、きわめて特異性の高い会社であった。逆に大量生産に向かない手作業の多い希少性の製品ゆえに、全国の建設会社からの注文に応じるものの、一つひとつの注文のロットは少なく、価格の割には利益率の非常に低い製品であった。本来ならば、手づくりで手間のかかる希少性の製品ゆえ、価格設定において優先性をもてばよかったものの、社長の人柄のよさか、ある意味ハウスメーカーに値段を仕切られていたから、A社の営業利益は売上に比しわずかしかなかった。

建設業界の縮小傾向のため、A社の売上高も年々減少し、今回、われわれの再建計画での事業計画は年間4億円規模となった。しかし、有利子負債は20億円近くあったから、借入金の売上高比率は5倍にも達しそうで、返済完了の年数が計算できないほどの「過剰債務」であることは、金融機関の誰しもが理解していたことであった。

私は、年間売上高が4億円前後であるから、ある意味、有利子負債の額もその半分の2億円規模が、会社が円満に返済できる適正な負債金額であると主張したが、ある地銀（B銀行）は、「とてもそんな額では了承できない。少なくとも、新設会社が引き継ぐ有利子負債の額は、プラス6億円にしてもらわないと、賛成できない」と主張してきた。

「プラス6億円！　ということは、新設会社で承継する有利子負債（金融債務）は8億円ということになる。売上が年間4億円規模で、有利子負債がその倍の8億円。売上高の2倍の負債を抱えて、再生のための再スタートを切れるわけがないじゃないですか。これじゃあ、とても

『再生』と言えませんよ。

そもそも企業としては、新設会社が適正な設備投資をし、従業員の満足を高め、高品質な製品を世に送り出し、消費者に喜んでもらうことに存在意義があるはずです。新設会社のスタート時で売上高をすでにはるかに超える有利子負債を抱えていたら、A社の売上が右肩上がりで成長していくことはいまの時代では考えられませんから、A社はすぐにでも資金ショートしてしまうのは明らかでしょう」

しかし、その地銀は、全体で20億円の負債を18億円カットするなどとんでもない、カット率の6割の12億円までは譲らないとし、結局、支援協議会、それも全国本部の会計士の先生が中に入って、会社の事業価値を算定、引き継ぐ有利子負債は3億2000万円と算定していただいた。そして、件の会計士と支援協議会のプロジェクトマネージャーに、地銀の説得に労を割いていただいた。

「先生、支援協議会として、なんとか地銀さんに、新設会社にて承継する有利子負債の額をこの3億2000万円までで納得していただきましたので、会社側の代理人である先生のほうも、引き継ぐ有利子負債の額を2億円と言わず、この数字で了承してくれませんかね」

「冗談じゃないですよ。そもそも4億円の売上高の達成が、過去の実績を見ても現実的ですよ。償却前営業利益を2000万円つくれるとして、売上高の5%です。将来の設備投資費用や手持現金の準備をして、円滑なる企業運営をしていく中での返済額は年間1200万円です。金利を2%と見ても、3億2000万円では、金利の支払いは年間600万円となり、元金の返済はその残りの年間600万円となります。3億2000万円を年間元金返済額600万円では、返済完了まで約50年かかる計算です。これで再生と言えるでしょうか」

私は、「支援協議会がなんとか地元地銀を説得したという3億2000万円の返済額についても、とても再生会社として負担できる額ではない」と抗議したが、

「先生、なんとかお願いします。この数字でないと、地銀の賛成が得られません」

私は、A社の経営者にこの旨を告げ、支援協議会での再生支援を断念しようかともちかけた。しかし、会社側は、地銀Bから競売の申立てがなされるのを恐れ、なんとかこの数字でやってみます、40~50年かかっても結構です、と頭を下げてきた。当の本人がそう言っているのだから、やむを得ず、3億2000万円を新設会社にて引き受ける再生計画を作成して、提出した。

支援協議会での債権者の立ち位置

支援協議会の説明会にて私は、冒頭、

「そもそも支援協議会における会議は、再生支援の決断のための会議です。ここに座られている金融機関の皆さんの立ち位置が『回収』の立場であるとしたら、それは誤りです。『回収』と『再生』は相容れません。まず回収ありきの姿勢では、とても再生の道筋は開けません。『再生』の果す社会的意義は申すまでもありません。ですから、『再生見込み』を認めているこ

の会社は、まず再生ありき、再生の前には、回収の局面は一歩後退するという姿勢で、本日の会議に臨んでいただきたい。相互の協力があって初めて、会社という組織の『再生』が可能になるのですから」

と伝えた。

私は、初めに窮状に陥った会社の債権者の立ち位置・姿勢を明確にしておきたかった。

続いて私は、再生計画案の説明に入った。

約1時間、会社の再生計画を説明して、支援協議会の担当者から、出席した各金融機関担当者に「質問があれば、お願いします」と質問を促した。すると開口一番、その地銀担当者から、「本件の事業計画については、『履行の確実性』の点で疑問あり」との質問が出た。

そこで私は反論した。

「そもそもこの会社の適正な有利子負債額は、売上高の半分の約2億円です。然るに、3億2000万円としたのは、貴行がどうしても3億2000万円を負担してくれないと話にならないと強く言われたから、その意見を十分に取り入れたのです。また、過剰支援問題をクリアーするためにも、3億2000万円の負担が適切と判断したからです。それなのに今度は、毎月の返済額につき、1200万円とする返済計画に疑問を投げかけるのは、おかしくないですか。40〜50年もかける返済計画で、10年後、20年後は履行ができなくなることは、十分あり得ます。もしかしたら、何年か先に返済履行ができなくなるかもしれないことは、当然に予想しています。会社のアラを探していたら、再生計画に賛成などできません。どうか、会社の長所を見てください。少なくとも3年間、いや5年間は確実にこの返済はできます。しかし、10年以上となると、たしかにどうなるかはわかりません。もし万一、返済履行が危ぶまれるようならば、そのときにもう一度、皆さんに返済条件の変更をお願いすれば、それでいいじゃないですか。

私がついている限りは、きちんと月次報告を提出して、会社の資金事情と財務内容を報告する予定です。再生の途中で思わぬ事象が生じ、新しく策定した返済計画の履行ができなくなったときは、再び返済計画策定のテーブルに乗ってくれれば、それで済むでしょう。本件は、私的再建なのですから、話し合いを続けていければいいでしょう。最初から40年後の最後までの履行の確実性が見込めないから再生計画に反対だと言うなら、反対すればいいでしょう」

「先生、再生計画は、本日出されたものが、支援協議会の中での支援案件としての最終版ということでいいでしょうか」

「はい。これ以上のものも、これ以下のものもありません。貴行からもっとこうしてくれと言われても、支援協議会と十分打合せをして、公認会計士や中小企業診断士の指導も受けて作成したものですから、もはやこの再生計画に修正はありません。この再生計画案でYESかNOを審議してきてください。ご理解、宜しくお願いします」

「わかりました」

支援協議会での会議が終わり、A社の役員とその地方のホテルのロビーでお茶を飲みながら打合せをした。

「もしかしたら、地銀Bは反対してくるかもしれません。そうなると、これ以上の仲介はできないと思いますので、支援協議会は打ち切りです。競売の申立てもあるかもしれません」

「しかし、かえってこれでよかったかもしれませんよ。競売の申立てをされても、おそらくA社の土地は有機化合物を使っているから、土壌汚染の問題があり、競落人が出ないかもしれないことは、事前に十分に説明してあります。しかも、競売の期間は約1年くらいかかります。

それに、現状の4億円前後の売上で3億2000万円の有利子負債を返すことは、将来の安定的・持続的経営という意味では、会社の経営危機を解決したことにはなりません。支援協議会から離れて、個別に金融機関と協議していくことになります。新設会社は工場等競売にて出された裁判所の価額を返していけばよくなるわけです。会社分割は、金融機関が反対してもできる方策を内含する会社法上の手続きですから、かえってよかったかもしれませんよ」

心配そうなA社経営者たちから、帰りの空港での挨拶時、笑顔が見られたのは、何よりの秋の収穫だった。

地銀Bの反対、そして支援協議会による支援打ち切り

案の定、地銀Bは反対した。

間もなく支援協議会から「調整役を努力したが、金融機関全員の了解が取れそうにもないので、支援協議会にての支援を打ち切りたいが、いかがか」との連絡が入った。

私は「どうも、調整役ありがとうございました。後は、われわれ弁護士が引き続き、A社の私的再建を進めます。どうもご苦労様でした」と、その労をねぎらった。

本当に、支援協議会はよくやってくれた。ただ、同時に、その「役割の限界」という問題も見せつけられた。

A社はいま、支援協議会を離れ、相変わらず再生を目指し、金融機関と協議を続けている。決してあきらめない、最後まで金融機関と誠意をもって対応すれば、いつかは理解してもらえる日が来ると信じて。A社の再生は、新しい一歩を踏み出そうとしている。

会社救済ファイル 9

期待をすれば こそ……
――中小企業再生支援協議会の存在意義と限界

過剰債務の弊害

ひどい話があったものだ。関東地方のある「中小企業再生支援協議会」(支援協議会)に再生支援を申し入れたときのことである。

その会社は、関東地方で、優れた技術力と信用力を有して、堅実に企業経営をしていたが、売上拡大を見込んで新設した工場が予定に反して売上を伸ばせず、かえってその建設費用が過剰債務となり、少しずつ経営を圧迫していった。

この過剰債務を抱えたまま、借入金の元利金を支払い続けると、老朽化した機械等の設備投資もなおざりとなり、加えて、新規採用を控えることで、会社の人材の老朽化も進み、会社に閉塞感が漂い始めていた。従業員に対する賞与も出せる資金状況でないから、従業員のモチベーションも下がりつつあった。

このような優れた技術力と世間の高い評価を得ている実績のある会社に対しては、みすみす潰してしまうのは社会的損失である。そこで、この『過剰債務』という重石のため、塩漬け状態、そしてやがて倒産に至るという倒産の図式を打破する必要があった。

とくに率先して障害者の雇用をして、社会にも貢献しているこの会社を再生させるためには、経営の窮境の原因となっている『過剰債務』という鎖から解き放ってあげなければならなかった。

「過剰債務」とは、その会社の収益力（減価償却前営業利益）に比し、有利子負債から運転資本部分を控除した残額がおおむね10倍を超える場合を言うが、この弊害は意外と知られていない。過剰債務問題は、まず金利発生面に表れる。収益力以上の金利の支払いが、キャッシュフローをより不足させる。加えて、元金部分の返済が加わるから、収益による資金はほとんど手許に残らないことになる。しかし、会社の設備は次第に老朽化し、修繕が必要となり、年が経つほど大きな資金が必要となるが、そのお金すらなくなってくる。こうなると、会社はますます収益力が衰えていき、売上高そのものの減少という悪循環に陥る。倒産に至る典型的なパターンである。

再建手続きの選択

この会社の高い技術力と過去実績、信用力こそが、この会社をして、大手取引先から受注を獲得する力であったから、会社の経営不安が新聞等マスコミで報じられて表面化して、この信用力を毀損させるような法的手続き（民事再生手続き）は、できる限り避けたかった。

かくして、取引銀行団10行とだけで再生の検討を行う、「私的再建による事業再生」（具体的には、事業譲渡によるM＆A）を行うこととなった。手形不渡りの危険もあったから、すみやかに再生のための書類の作成にとりかかった。

中小企業再生支援協議会は、２００３年2月、産業活力再生法に基づき、経済産業省の再生事業の一環として、全国の都道府県につくられた組織である。07年3月までの4年間で1万１４４３社からの相談を受け、うち、１３７９社の再生計画をつくり、その結果、8万８９２５名の雇用が確保されたと報告されている（『朝日新聞』２００７・６・28）。

第一回銀行説明会

第一回の説明会を開催した。出席した金融機関は5行であったが、この会社の抱える問題点と、このままでは会社が行き詰って倒産事態に陥ること、そのために、いまのうちに破綻原因を除去できる私的再建手続きが必要であることを説明し、事業譲渡方式のM＆Aの必要性についての理解は得られた。要は、手続きの進め方をどうするかであった。

当職らは、公認会計士に依頼し、現場での棚卸し作業による資産査定を実施し、DCF手法を用いたこの会社のEV（enterprise value）を算定してもらい、「事業譲渡価値報告書」を金融機関に交付した。そのうえで、債権者サイドの債権回収の極大化に資するためにも、そのEV

に対する20％増しの価格で会社の事業を買う、すなわち、「事業譲渡」を行うこととした。

しかし、この私的再建手続きでの「事業譲渡」に、後日メインバンクから待ったがかかった。

「当行は、これまで地元金融機関として、会社に人材も派遣し、融資を実行して、影に日向に支えてきた。先生の行うgood部門を切り離して、事業譲渡を行うことは理解できなくもないが、残された残債務を切り離して、事実上カットとなることは理解できない。また、経営責任の取り方も不十分であり、債務者側たる先生主導でなす事業再生での残債務の長期分割弁済に対しては、支援することはできない。

長期にわたる弁済についても、その『履行の見通し』について、当行は不安視している。金額は少なくなるとしても、経営責任の点も含め、新スポンサーによる早期の一括弁済を要望する。スポンサーが現れないのであれば、競売手続きに入らせてもらいます」

今後の事業の柱となる工場に競売の申立てをしてきたA社を、再建目線ではなく、回収目線で見ていた。

当職としては、担保権者の担保権実行手続きである以上、その権利行使は仕方ないと思うが、メインバンクであった以上、地元金融機関として、地元で実績をつくってきたこの企業を、債権回収の形式的マニュアルどおりの競売申立手続きでなく、再建目線に立って、長期的展望に立って支え直すくらいの気概がもてないのかと思う次第であった。

この間、メインバンク以外の他の金融機関に対しても、金融機関説明会開催後の「月次報告書」を提出し、会社の経営状況を逐一、書面で報告するとともに、会社経営者も精力的に金融機関に出向き、情報を開示して、再生の支援協力をお願いして回った。

金融機関との間柄は、決して悪くはなかった。「再建、頑張ってください」との励ましの言葉をかけてくれた金融機関もたくさんあった。

その中で、政府系金融機関からは、「このままの私的説明会では、当行内部の理解が得られないので、ぜひ『支援協議会』を活用し、透明性、公平性を高めてほしい。そうすれば、内部でのコンセンサスを得られやすい」との助言があった。

他の金融機関も「会社の体力から見て最大限の返済能力による返済額を提示していただいていることはよく理解しているが、やはり手続きの透明性を高めるため、支援協議会の活用を」と促されていた。

支援協議会の回答

金融機関の声を受けて、申請のための書類を抱えて、その県の支援協議会に申請に行った。するとプロジェクトマネージャーという立場の方が、

「実はこの会社は、以前にも相談を持ち込まれたことがあります。メインバンクが再建に否定的な意見をおもちなら、支援協議会を通じてもムリでしょう。支援協議会の規定上、メインバンクの支援協力が必要と謳っているからです。それに現在は、新たに弁護士先生がすでにつか

れて、立派な再建計画案も作成されているのに、支援協議会を使うとなると、再びその再生内容を吟味するため時間もかかるし、不動産鑑定など余計なお金もかかるから、使うだけムダではないか」

そのような遠回しのお断りの回答だった。

私は、「いや、現段階では、たしかにメインバンクの理解は得られていませんし、得られるどころか、工場の競売手続きまで行っているくらいです。しかし、メインバンクの理解が得られない理由が、残債務の長期弁済（不確実性）の点と経営責任の点ですので、この点を支援協議会のテーブルの上で、支援協議会さんに入ってもらって、調整してもらいたいのです。

そうすれば、最初は反対を表明していた金融機関も、話し合いの中で次第に態度が緩和し、折衷案で和解し、弁済協定に至った例も、私は過去いくつか経験しています。それこそが支援協議会さんの役割であり、存在意義ではないでしょうか。このまま、メインバンクの競売により、会社を閉鎖させ、多くの従業員やそのご家族、子どもたちを路頭に迷わせるわけにはいかないのです」と食い下がった。

しかし、支援協議会のプロジェクトマネージャーの対応からは、なんとしても救ってあげようとの熱意は見られず、きわめてマニュアル的な、冷めている態度であったことに、がっかりした記憶がある。

私があっさりとは引き下がらなかったことから、件のプロジェクトマネージャーは苦虫を噛みつぶしたような表情で、「いちおう、各金融機関の意見を聞いて、また、先生に回答します」とのことで、その場は解散した。

数日後、件のプロジェクトマネージャーから、

「取引先金融機関10社に問い合わせをしたところ、先生のつくられた、債権カット（債務圧縮）を軸にした事業譲渡に賛成はできないとの意見が多数を占めていました。協議会の関与の条件としての『関係各金融機関（とくに主たる取引金融機関）の同意が得られる見込みのあること』が満たされませんので、当協会実施基本要綱6（1）③の規定により、当支援協議会は本件を受理できません」

との紋切り型の電話が入った。

そりゃ、そうだろう。どの金融機関もリ・スケジュールのような条件変更案ならともかく、己の債権がカットされる再建策を好んで受け入れるところなどありはしないのは、初めからわかり切ったことではないか。

私としては失望、あきらめというよりも、これでは何のために協議会があるのだろうかという「憤り」の感情が起こった。聞くところによると、件のプロジェクトマネージャーも、事業譲渡スキームに反対を表明しているメインバンク出身者だそうだ。

このような支援協議会の対応は、たとえば、被害に遭い、助けを求めようと交番の扉を開けようとしているのに、その向こう側で扉を閉めてしまったようなものではないか。海で溺れているその者が、救い上げてもらおうと船の手すりに手をかけているのに、その手を振り払って、

海に突き落とすようなものではないか。

弁護士、会計士等を知らず、最後のよりどころとして、望みをかけた協議会に拒絶された会社経営者の心理を、彼らは果して、どれほど理解しているのか。支援協議会に見捨てられたとして、その帰り道に自ら命を絶った経営者が存在すると聞く。

債権者にはわからないだろうが、それほど中小企業の経営者は、自分で自分を追いつめているのである。袋小路に入り込み、出られず、もがき苦しんでいるのである。経営者の断末魔の声をせめて聞いてあげるだけでも、闇の中で苦しんでいる経営者は救われるのである。

助けを求めに、それなりの理由と資料を用意してお願いしている者に対し、メインの債権者が反対しているからとの理由だけで門前払いをするのでは、なんのための支援協議会なのか。たとえ全債権者が、この段階では、再生に反対の意思を表明していたとしても、まずはその門を開けて、支援協議会のテーブルに乗せ、弱き者の話を聞く。そして、再建の見通しがあるのか、あるとして、債権者らに対し、専門家チームとして解決(再生)の指針を示し、汗だくだくになりながら、債権カット案に対し、理解を示していない債権者に対し、その必要性等の理解を求めるように説得し、『助け船』を出してあげるのが、『支援協議会の役割』であったはずだ。

各地方で多くの支援協議会にかかわった当職の体験に基づき、支援協議会の存在意義を見つめつつ、その「活用の仕方」そのものの提言をしてみたい。

物足りなさを感じさせる支援協議会

各県単位で、「支援協議会」が立ち上がり、中小企業再生の支援活動をしていることは、なかなか弁護士や税理士の力を借りられない地方の中小企業の会社再建をライフワークとして取り組んでいる私としては、好ましい限りである。

だが、経営危機に瀕した会社側、すなわち債務者側代理人弁護士として関与した感想を述べさせていただくと、いま一つ、支援協議会の調整機能、指導力に物足りなさを感じてしまう。そこに、支援協議会の限界を感じてしまうのである

もちろん、すばらしい行動力とリーダーシップで、地元金融機関団をまとめ上げてくれる支援協議会にもあたったことはあり、十分に評価はしているが、しかし、その数はきわめて少なかった。

当職が私的再建のため、債権者説明会を開催すると、金融機関から、「支援協議会の制度」を利用してほしいと言われるようになってきた。無税償却や内部稟議のためであろう。しかし、支援協議会に持ち込んでも、結局、債権者間の意見がまとまらず、支援案件としては不成立となる例も多い。否、持ち込むための相談に行っても、前述の会社のように門前払い（お断り）される案件も少なくない。

また、その努力により、意見がまとまったとしても、私にしてみれば、その多くはリ・スケ

ジュール方式の単なる先延ばしであり、到底抜本的解決とはいえず、2、3年後に再び過剰債務から経営危機に陥った案件も見ている。

端的に言わせていただければ、現在、経営危機にあえいでいて、企業再生のため支援協議会の力を借りなければならないほどの「企業」とは、扱う商品の開発力の遅れもあり、売上減少に耐えられないほどの「過剰債務」を負担している会社が大半である。その背景となる右肩下がりの消費不況は、今後も当分の間は続くだろう。

これに対し、借入金たる有利子負債も売上高に比べそれほど多くなく、営業利益も堅調に計上する黒字企業でありながら、大口取引先に依存しすぎ、大口取引先の倒産等で売掛金が焦げつき、当面の資金繰りが一時的にショートし、この半年程度の資金繰り操作（主として、借入元金返済の一時停止もしくは減額）程度でその一時的、一過性的危機（資金不足の調整）をしのげるような会社なら、単なる「リ・スケジュール」程度の調整で企業は再び安定した資金繰りに戻るであろう。

だが、前述したように、その売上高に近い水準まで、もしくはその売上高をはるかに超えるような借入金過多の「過剰債務会社」について言えば、売上高が前年比の2倍になるほどの飛躍的増加をしない限り、債権カットあるいはDES（デット・エクィティ・スワップ。ここではDDSの手法を使えるほどの余裕はない）等の方法で「債務圧縮」をするしか方法がない。

それほど地方の中小企業は体力が弱っており、小さな体で過大な重石を背負って走っている現状は、必ずや数年先には、体力の限界から倒れてしまうことは、私の経験から明らかである。

このことは、おそらく経営危機会社に関係している金融機関の方々なら、誰でも頭の中では理解しているところであろう。

ただ、どうしても貸し手の側からは、たとえば融資した10億円の現在価値が、担保価値相当分（たとえば2億円）以外にわずか数％（たとえば５％として４０００万円）になってしまう事態を、頭ではわかっていても、書面上の具体的計画作成上では、肯定できないのであろう。

だから、債権カットなどとんでもない、収益弁済で払える限り、「債務償還年数」として計算すると50年、１００年かかるとしても、なんとか工夫して返済を続けてほしいと主張される。約定どおりの弁済が困難なら、発生金利分だけでもいいから払ってほしいと言われることも多い。

借入額がそれほど多くなく、減価償却前営業利益の金額で支払利子を支払える（ただし、支払利子を支払うと、借入元金を支払うお金が残らないが）場合はそれでなんとかなるが、だからと言って「金利だけ」を10年、20年支払うから、その内容を記した「合意書」を締結して安心させてほしいとお願いしても、「そのような内容を書面化することはできない」となる。

したがって、債務者側は、合意という安心材料がないまま、担当者の言葉を信じて、とりあえず事実上、金利だけを支払うことを続けるわけだが、借入金が多すぎて、発生金利の一部しか支払えないような場合は、その金利の一部分だけの支払いを続けることは、未払金利が増加していくだけで、なんの解決にもならないし、企業継続という名に値しない。

たとえば、売上高10億円の会社で償却前営業利益が2000万円として、借入金が20億円に達し、支払利息だけでも6000万円発生しているような場合、利息支払6000万円のうちの一部（2000万円）しか支払わないことになる。会社側も、銀行側も、一時的にこの状態で延命することはできても、先の見通しが成り立たないまま、未払利息発生状態を続けることは、金融機関側にとっても、債務者たる会社側にとっても、決して幸せなことではない。

本来なら、運転資金に回すべき資金を借入金返済に重点を置きすぎるあまり、肝心の従業員らのスキル向上や製品の品質向上がおろそかになり、安全点検費用の軽視等、安全、安心を善とする企業経営になっていない会社が多く見受けられる。場合によっては、安全軽視から、人命にかかわる重大事故を引き起こす例も枚挙に暇がない。

会社経営をなすことで、日々毎日が地獄になっては、絶対にならない。従業員らを奴隷のごとく働かせる経営者であっては、絶対にならない。貸した側たる金融機関とて、会社の売上高の推移や償却前営業利益等の経理の数字を見れば、債務者たる会社側が借入金の返済に汲々として、地獄のような日々を送っている姿は、容易に想像がつくはずである。

このような**過剰債務となってしまった企業とその関係者にあっては、**債権者、債務者双方が互いに強情を張らずに、その真実を見て見ぬふりすることなく、**会社の実態を素直に見つめ直し、できるものとできないものを明確に区別し、できることとの実現可能性と履行の見通しを調査し、思い切って借入金の『債務圧縮』等の犠牲的精神で企業再建の一助としてほしい**のである。

そのことを理解させ、互いの支援体制を確立するために、権利関係の対立する債権者間の調整役として、支援協議会に持ち込むことになる。

だが、各地方の支援協議会のリーダー、マネージャーは、おしなべて地元第一地銀出身の行員で構成されることが多いせいか、企業が経営危機に陥った最大の原因が、長年の間に積もり積もった金融債務の過剰性であると指摘しても、金融機関側から率先して、「うちの借入金をこれだけカットします」という声を上げる金融機関はまだまだ少ない。

支援協議会からも、そのような指導はあまり見られない（もちろん、金融支援の方式として、『債権カット』のスキームも見られるものもあるが、それでも全体の割合に比べ、まだまだごく一部である）。

貸し手責任論

金融機関側はいつまでも己の権利だけを振りかざすのでなく、大局的、全体的に現在の置かれている現象をとらえなければならない。非難を覚悟で言わせてもらえば、経営危機に直面している会社側が『過剰債務』に陥った原因の一端は、貸す側の金融機関にもあったと私は考えている。その責任が、法律上の責任か否か（レンダーライアビリティー論）は、この際、問題としない。

たしかに、融資業務は金融機関の主要な業務の柱であるが、そもそも**融資業務は、金融機関の存在価値である「企業の健全育成」の目的のための手段にすぎない**はずである。何のために企業に融資をするかといえば、免許を与えられた金融機関の社会性、公的性格にかんがみると、金融機関として取引先企業の健全育成を図る（リードする）ためではなかったか。

そうであるとすれば、取引先企業の健全育成を目的として、ひいては地域社会経済の発展に貢献するという『社会的公共的立場』を有する以上、融資にあたって、当該企業の経営構築、相談の役割も大きく、融資をしっぱなしでは、社会的存在意義に欠ける。

すでに借入金過多の企業に対しては、己の姿を鏡に映させ、その過剰債務性を指摘し、これ以上、借入金を増やさないためには、あえて「貸さない」という指導方針も重要である。換言すれば、企業の健全育成のためには、借入金依存にかかっている企業に対し、借りるのを我慢させ、病的原因を除去するように経営指導することも、金融機関の重要な役割の一つであったはずだ。

とすれば、たとえば、糖尿病に陥っていた相手方企業に、さらに劇薬になるかもしれない糖分を注入するような貸付については、症状をさらに悪化させるだけとなるだけに、明日を生きるという症状改善のための手術の際の痛みは、金融機関側も共に負ってもやむを得ないのではないか。

経営危機の原因が貸付による過剰債務問題にあるのなら、その過剰債務を切り離して、企業価値を回復、向上させてあげることこそ、「銀行法」第一条にも規定されているように、地域

経済の健全育成の牽引役たる社会的・公共性を有する金融機関の「使命」ではないのか。

経営者に課せられる経営責任

もちろん、このような過剰債務状態を招いた企業経営者側も、たしかに「経営責任」をきちんと取らねばならない。

金融機関側にも債務圧縮の犠牲を強いる以上、借主側たる経営者側もなんらかの犠牲を払うのは当然であろうし、衡平の原則・モラルハザードからも導かれよう。景気が減速し、世の中の不況に巻き込まれたとの被害者意識はあろうが、その経営の見通しの甘さ、借入金過多を招き、慎重さを欠いた経営行動は、「結果責任」ではあるが、やはり避けては通れないであろう。

自宅等、自分の財産を処分、換金して、借入金の返済や不足運転資金に充てることは、当然、しなければならない。まず債権カットありきと策略する経営者の敵前逃亡は、断じて許されない。自己の保身を図り、財産を隠匿するとなると、言語道断である。

ただ、自宅等の財産をすべて処分せよと言っても、その生活の場所から「出て行け」というのではない。自宅であれば、いずれにせよ、競売となるのだから、不動産鑑定士による鑑定で「早期処分価額」（競売価格）を確認し、その金額を身内、親戚、友人らに出してもらい、彼らに買い取ってもらえばよい。金融機関側も第三者たる不動産鑑定士の作成した「適正な価額」

であれば、十分に相談に乗ってもらえることは、私は多数経験している。

金融機関側の**担保はあくまで、金銭的価値として把握する担保**であって、**生活権、居住権、労働権等、人間として生活するうえで必要な権利までをも拘束しているわけではない**からである。人間、死ぬときには皆、不思議と「家に帰りたい」と言う。それほど自宅は、人生の思い出がつまった、心のよりどころなのである。父母のいる自宅、子どもたちのいる自宅。自宅とは単に「物」ではなく、ハートフルな再生の場所なのである。

ただし、お金の用意ができなくて、自宅等が競売対象となってしまっても、それはそれでやむを得ない。日本の法律上、債権者による競売権は、立派に認められているのである。

しかし、である。日本という国は、たとえば、家賃として3万円前後も出せれば、2、3人どうにか暮らせる場所は、死ぬ気で探せばどこにでもある。倉庫の片隅で一家4人が、1、2年暮らしていた経営者を私は知っている。生活保障制度もある。すべての財産を捨て、『責任』をきちんと果せば、借金という不安から解放され、かえってすがすがしい人生を送れる。

それは、私の関与する多くの経営者の暮らしぶりと、そうした生活を続ける彼らの顔の晴れやかさを見ればよくわかる。要は、「心」の問題なのだ。

私が債権者の方々に言いたいのは、「中小企業経営」という特殊性である。経営者は自宅を担保提供し、自ら保証人となり、その命を削って働いているのである。大企業の経営者とはっきり違うのである。経営者であるが、営業マンであり、技術指導者であり、労働組合長である等、会社の中心として、自分の体と心を犠牲にして、働き続けている姿を理解してほしい。

そのことがわかれば、**単に『経営者であった』という理由だけで**会社から追い出すような**「退任」を強いる意味の「経営責任を問う議論」には、私は断固反対したい**（明らかに経営能力に欠ける、あるいは悪質な経営者は別であるが）。

もちろん、同じ過ちを二度繰り返してはならないから、私は中小企業経営者を「監督」したり、「経営相談」に乗ったりする『経営改善指導委員会（諮問機関）』を設置し、今後は中小企業経営者の是正や不安、誤作動を防ぐ機能をもたせている。『ガバナンス』をもう一度チェックすることは、企業再生の要であるからである。

むしろ、一度失敗した経営者が、深く反省し、それを学習することで、今後の再建の現場に活用でき、いまでは立派な会社に成長させている例を私はたくさん知っている。たった一度の失敗で経営者を追い出す議論こそ、再建の芽を摘むのと同じであることを理解してほしい。「モラルハザード」という問題は、前述した経済的責任の取り方で完結しているのだから。

支援協議会の「調整機能」の限界

以上のように、債権者の考え方はいずれも債権の毎月の返済額を少し緩和したりする、いわゆる運転資金をなんとかする「先延ばし」のスキームにはやむを得ないと理解を示しても、資金不足をつくり出している、その源となっている過大債務の債権そのものをカットするスキームには皆、拒絶反応をする。

他の債権者のことはとやかく言わないが、少なくとも己の債権だけは全額返済してほしいと要請するから、支援協議会の提案である、全債権者衡平なる「債務圧縮案」については、抵抗を示すのが常である。支援協議会側も、裁判所による法的手続きと違い、一方的に強固に債権カットを行うことができない以上、あくまで債権者たる金融機関に対し、「お願い」ベースで頭を下げるだけである。

債権者たる金融機関が地元の地銀や信用金庫群であるなら、地元第一地銀の強烈なリーダーシップでそれでもまとまる確率は高まるであろうが、都銀や地銀、政府系金融機関、保証協会等が混在する金融機関団となると、まさに「同床異夢」状態であり、支援協議会において「債務圧縮・債権カット」を組み込む再生スキームの賛同は、さらに困難を強いられ、結局、不成立となることが多い。

支援協議会の指導する再生スキームが、裁判所による「審判」と同様の法的拘束力があるわけでないから、この不成立となる事態は予想できるところである。私的整理のガイドラインを用いても、結局、ほぼ全員に近い債権者の賛成が得られる必要があるから、同様であろう。

「精査機能」には期待を

ここに、**弁護士たる代理人が高い倫理観に支えられて「衡平性」「公正性」「透明性」を客観**

的に担保し、その判断材料となる会社の財務諸表を提示して、**債権者らに十分に「説明義務」を果し、**その結果として、債権者らから積極的明示の**『賛成』が得られないとしても、**『債務圧縮』しか再生の抜本的解決策がなく**（必要性）**、かつその債務圧縮額が経済合理性に裏打ちされた金額**（相当性）**であるならば**（債権者らとしても、やむを得ないと心の中で思うべくに至っていれば）、躊躇することなく再建スキームを実施することが『正義』であろう。**

全金融機関の承諾を待っていたのでは、会社はますます疲弊して、再建に支障が生じてしまうからである。否、誰かが彼らの背中を押して、結果としていいての納得をさせなければならないのではないか。債権者を害する行為でもない。

その結果、これらの「必要性、相当性」要件を満たした再建スキームは『合理性』を有し、現実の商取引行為においても、全債権者、ステークホルダーの皆が幸せになれるのである。**過去にも、代理人弁護士の強烈なリーダーシップで沈没しかかった舟を、積極的に賛成はしないものの、債権者が見守る中、曳航することで沈没せずに運航できた例は、枚挙に暇がない。**

ケースにもよるが、金融機関の足並みが揃わず、支援協議会ではまとまらない案件でも、再建指導弁護士が作成した事業計画、返済計画を支援協議会で精査、吟味して、「適正」「合理性」「相当性」の意見を出していただければ、半ば強引にでも、事業譲渡等のM＆Aによる再生スキームを進めることがベターではないだろうか。

それは、会社が経営危機から破産に至ることを免れることで、破産配当率よりも返済額が増加することになる。経営者もその財産をすべて現金化して配当に加算し、株式を0として株主責任を取ることで、債権者に対するモラルハザードを是正する。

弁護士の提示した再生スキームに対して、積極的明示的に賛成していない状態で、半ば強固に再生スキームを実施すると、「先生は強引だ」と感情的に文句を言われることはあっても、法律的に債権者に損害を与えることもなければ、恨まれることもないはずだ。もちろん、「詐害行為」や「否認」の対象となる行為でもない。

以上は、私の個人的意見であり、私は、支援協議会に対しては、その「調整機能」にはあまり期待していないが、むしろ「精査・検査機能（デューデリジェンス）」については、中小企業を救済するツールとして、大いに期待する考え方である。

多くの中小企業経営者らの支援協議会への批判的声にかんがみると、これからの支援協議会の存在価値をそこに見出し、支援協議会としての取るべき道でもあると考える。

私の一個人としての提言である。ご批判は甘んじて受け入れる所存である。

第 III 部

共に目指す先には

——義と情と慈悲——

義と情と慈悲

多くの中小企業の経営者に接していると、おしなべて誠実であるがゆえに、借金の返済に苦しめられ、孤独な恐怖心から、精神的にも肉体的にも、ギリギリのところまで追いつめられている人のなんと多いことか。

本来なら、会社と『運命共同体』であるべき金融機関に会社の実情を打ち明けて、救いの手を差し出してもらうべきだが、かえってその実情を知られることを極度に恐れる。

経営危機の場面に至っては、金融機関そのものを恐れている。

しかし、これらは、いずれも誤っている。真っ先に相談すべき相手は、金融機関であろう。

ただ、金融機関の中には、会社再建の社会的意義をとらえる心眼をもつ者もいるが、残念ながら、会社再建という究極の利害調整の局面でありながら、相変わらず平常時と同様に表面的な借金の回収業務を打ち出して、苦悩の相談者をさらに袋小路に追い込む者がいるのも現実である。

この姿勢を正さない限り、経営者は怖くて相談できはしないし、不幸、悲惨な倒産は続くであろう。

閉塞感漂う右肩下がりの現在の日本だからこそ、幸せを取り戻すためにも、この図式はもう止めようではないか。

経営者も金融機関も互いに相手を信頼し、一緒に会社再建をしていくことが「正義」なのである。力の強い者が力の弱い者を救うのが、「人の道」ではないか。

「論語」の中に「君子は義に喩《さと》り、小人は利に喩る」（品格のある人間は私利を追い求めるべきではないとの含意がある）との言葉がある。

同様に、経営学者であるピーター・ドラッカーも、日本の企業の「和」の精神を大いに評価している。すなわち、「家族主義的経営」「年功序列型賃金体系」「社長は報酬という欲をむさぼらない」「従業員は子どものようなもの」などである。

壊滅的打撃を受けた戦後日本の「復活」の原点は、この論語や儒教に裏打ちされた家族的経営＝義と情と慈悲にあった。

そして経営危機状況からの「復活」もまたすべての利害関係人らの義と情と慈悲に支えられてこそなのである。

第Ⅲ部では、このような義と情と慈悲の心から救われた会社再建の話をしよう。

会社救済ファイル 10

情と利と社会正義の共有
——会社再建を実現させる要素とは何か

債権者の心に訴える

最近、当事務所で申し立てた、2件の民事再生手続きの再生計画案の賛否を問う集会が、立て続けにあった。2件とも、偶然の出会いであった。1件は北陸地方、1件は東北地方。東京にいる私は、偶然の出会い・縁を大事にしたいと思っている。そして、2件とも頭数、金額とも法定可決要件の50%を超える賛成を得て、無事可決された。

とくに北陸地方の事件では、実に賛成票の約45%を占める保証協会の動向が、民事再生の成否を握るカギであった。

会社再建の経験者ならよくご存じであろうが、従来、政府系金融機関や保証協会は、制度上、債権を切り捨てるような内容の計画には積極的、明示的賛成をしてこなかった。会社再建の意義、重要性、必要性、有益性、合理性は十分わかっても、手続きの俎上には載れなかった。

しかし、最近は変わってきた。保証協会においても、合理性を有する再生計画案であれば、状況によっては債権カットにも応じてくれるようになった。

件の保証協会には、同県の中小企業再生支援協議会（支援協議会）のプロジェクトマネージャーH氏が、多忙な中、いつも私と同行してくれ、一緒になって某会社の優秀な技術力（テクノロジー）を消滅させてはならないと、その会社の存続の必要性を熱く訴えてくれた。

そして、「東京の弁護士が、わざわざ当県の産業の灯を消さないように何回も足を運んでくれているのに、われわれ県内の者が動かないでどうするのか」と関係者らの心を揺さぶってくれた。このマネージャーH氏の説得がなければ、件の保証協会は賛成に動いてくれなかったと言っても過言ではなかった。

振り返れば、私のこれまでの弁護士生活28年間は、会社再建一筋で生きてきた。その弁護士人生の中、数多くの法的再建手続きたる会社更生、和議、民事再生手続きを申し立てたが、更生計画案、和議条件、再生計画案の法定可決要件をとれずに否決された例は、幸いにして一度もない（もちろん、これからどうなるかはわからないが……）。

そこで識者の方々から、可決に至る極意は何か、と問われることがよくある。

ＮＨＫ「プロフェッショナル　仕事の流儀」に出演したときも、キャスターである脳科学者の茂木健一郎さんから「これまで１００件以上もの会社を再建できた理由はなんですか？」と質問されたが、私にはその理由を明確に答えられなかった。いまでも、どうしてなのか、わからない。

ただ言えることは、〝NO〟と言う債権者には、しつこいくらい頭を下げ、何度も何度も「お願いします」と連呼するくらいの気概をもって、再建にあたっている。決してあきらめない、いまここであきらめたら、一生悔いが残ると思うと、いくら疲れていても、足が棒になっていても、〝NO〟と言う債権者の扉をたたく気概はもっているつもりだ。

なぜなら、私たち**弁護団がつくる再生計画案は、**単に**会社や従業員らにメリットをもたらすのみでなく、**対岸にいる**債権者、金融機関、仕入先や発注先等の取引先にとっても、メリットを有するものだから**である。

それだけではない。**メーカーや流通**であれば、その会社が存続することで、その会社がつくって世に出す**商品で満足と平穏を得る消費者がいる。旅館・ホテル**であれば、その旅館が存続することで、その旅館に**泊まった家族、友人らとのよき「思い出」が守れる。**いくらお金があっても、天国に持っていくことはできない。人間が唯一、天国に持っていけるものは、「思い出」である。その会社の商品やサービスで満足した「思い出」を持っていかせてあげたいではないか。そんな思いで再生を指導する。

すると、相手も赤い血の流れる同じ人間である。親や子どものいる家庭人でもある。

感情論での反対意見者に対しては、再三顔を見せることで〝情〟がわいてくる。顔の見えない、電話でどんなに詳しく話しても、説得にはならない。〝フェース・トゥー・フェース〟(face to face＝顔を突き合わせて)が大切だ。そして、理論的反対者に対しては、賛成する「利」と反対する「害」を数字で示し、証拠書類を整えて、子どもにもわかるようにやさしく、かつ丁寧に説明する。人間なら誰しも、利害打算を計算する。

さらには、会社を救うことで、社会的弱者の救済を果すという大義を債権者にももってもらうため、再生のもつ社会的意義、社会的役割を果す一員であるとの自覚を促すことに努める。社会正義の共有である。

今回の北陸の民事再生も、苦戦の連続であった。最後まで50％を超える票が集まらず、薄氷を踏む思いであった。

そこで、「再生計画案に対する『同意票』提出のお願い書」（注1）を債権者に送付し、どうして賛成する必要があるのか、賛成することがかえって債権者の利益になるのかを、文章の中で数字を挙げて示した。この書面が到達した後、次々と賛成票が集まったから、やはり受け取った債権者の心理に賛成の判断をさせる、それなりの効果はあったのだろう。

そして、再生会社の従業員らの「心の叫び」を文書化した「請願書」を作成し、金融機関団、とくに公庫等政府系金融機関の総裁、銀行の頭取、保証協会の理事長など、各債権者のトップに提出した。

このトップに対する「請願書」の提出に対しては、窓口の担当者の顔をつぶすからと躊躇する者がいるが、私は躊躇することなく提出している。なぜなら、会社が潰れるか潰れないかの危急存亡のこの期に及んでは、もはや窓口の担当者の顔色をうかがっているような状況ではない。トップダウンの決断を仰がねば、１００名以上の社員、その家族、子どもたちの生活が奪われてしまうからだ。

（注1）

再生計画案に対する『同意票』提出のお願い書

〇〇地方裁判所平成〇年（再）第〇〇号
再生手続開始申立事件
再生債務者　〇〇株式会社
代理人弁護士　村松　謙一

平成〇年〇月〇日

債権者各位

前略

債権者の皆様におかれましては、ますますご清栄のこととお喜び申し上げます。

第一　再生計画案の合理性、相当性

さて、〇〇株式会社（以下、「再生会社」といいます）の民事再生手続につき、今般、裁判所より「**再生計画案**」並びに再生計画案に対する「**監督委員の意見書**」が送付されていることと存じます。

監督委員の「意見書」におきましても、再生計画案の履行の相当性、平等性につき、結論として「**適切**」とし、再生計画案につき、「**認可相当**」との意見が記されております。

第二　賛成可決による債権者の皆様のメリット

民事再生手続きが債権者の皆様の賛同（『多数決要件』という過半数以上の同意）を得て無事成立することにより、債権者の皆様には次のメリットが享受されます。

1　商権（売上高）の維持・確保

民事再生申立直後の混乱期を乗り切った後の再生会社は、現在でも、従前から注文をいただいていた主要取引先様との信頼関係は維持されており、主要取引様におきましても、再生会社の技術力（スキル）を高く評価していただき、安定発注を続けていただいております。

ちなみに再生計画案では、年間○○億円の売上高予算を組んでおりますが、再生計画案が可決され、無事民事再生手続きが認可された場合は、不安要素の除去から、上記主要取引先様との信頼関係に鑑み、年間発注高は○○億円に届くことも決して不可能ではありません。

（ちなみに民事再生申立直前２期の売上高は、それぞれ平成○年度○○億円、平成○年度○○億円でした）

また、再生計画案の下方修正の売上高としても、年間○○億円を下ることはないものと判断されます。そして、仮に再生会社が皆様の賛同を得て、今後10年間事業を継続させていただければ、10年間で総額○○億円の売上高は下らないものとなります。そして、仕入原価のうちの労務費を除く取引先たる債権者の皆様への仕入・加工原価比率が仮に50％前後であったとしても、今後10年間では少なくとも○○億円以上の仕入、加工に対する支払いをする計算です。

換言すれば、一般債権者の皆様にとりましても、再生会社を生かし、主要発注先との事業活動を継続させることで、再生会社に対する売上高のうちの少なくとも総額でおよそ○○億円近くの売上高が成り立つことになります。

このように、再生会社の事業継続により、一般債権者の皆様が今後も再生会社と取引ができ、その結果『商権（売上高）』が今後も継続的に維持されることこそ、一般債権者の皆様にとりまして、最も重要な利益となることと確信します。

2　健康増進に寄与

あと○年後の2020年には、わが国は4人に1人の割合で60歳以上の老人国家となる現実、そして、また、平均寿命が80歳を超えることが通常となっている長寿国日本においては、今後○年間の健康を維持し、心も身体も健全でいるためにも、「○○産業」の役割・存在感は従前にも増して必要となってくるものと確信します。

とくに長い歴史を有し、愚直なまでにその職人技術に徹している再生会社の「○○」という名のブランド、その技術力を将来に継承させることも、地元債権者の皆様の使命、役割ではないでしょうか。

第三　万一、過半数以上の賛成が得られず、再生計画案が『否決』された場合

1　再生会社の消失

これに対し、万一、債権者の皆様の賛同が得られず、「同意票」が過半数に及ばない場合（**無投票、棄権、白紙投票もすべて『反対票』にカウントされてしまいます**）、裁判所は職権で「破産宣告」をすることになっています（民事再生法第191条3項、同第250条1項　**再生手続きの終了に伴う職権による破産手続開始の決定**）。皆様の再生会社への将来の売上高（そして、その儲け）も計上できなくなってしまいます。

2　破産配当額の減少

また、破産となりますと、債権者の皆様への返還額は、現実にはほとんど返済不可能となってしまうものと思慮されます。これは、民事再生法上の破産配当率の基準日は「開始決定日」たる平成○年○月○日現在の資産状況を「基準」に破産配当額を計算しておりますが、現実には民事再生手続開始決定後、仕入れ、資材、加工賃等の値上がりや在庫の確保のため、相当額の支出を強いられ、その結果、万一の破産配当における基本財源たる現・預金が現在においては大幅に減少しているからです。

以上、再生会社の民事再生手続きによる再生は、種々の局面において、債権者の皆様を保護する

ものと確信する次第であります。

第四　当職らのお願いとご報告

以上の次第でありますので、再生会社の民事再生手続きの再生計画案につき、ぜひ「賛成」していただけるよう、切にお願い申し上げます。

再生会社におきましても、民事再生手続申立後における収支状況は、上記のとおり、決して順風満帆とは言えませんが、○○県の代名詞となっている○○産業の灯を消さぬよう、そして、長きにわたって培われ、磨き上げられてきたその技術力を維持・継承するためにも、全社員一丸となって、品質の維持向上を誓っております。

なお、債権者の皆様の再生計画案に対する賛成か反対かの多数決の投票日は、平成○年○月○日、○○地方裁判所の集会場にて行う手続きとなっておりますが、事前の票確認作業の必要上、平成○年○月○日までに「議決票」の同意の欄に丸印をつけて○○地方裁判所再生係まで到着されますよう、ご配慮のほど、お願い申し上げます。

不明な点は、当職らまでご連絡くだされば幸いです。

（なお、すでに同意票を投函された後に本書が届きました際は、ご容赦ください。）

草々

和議手続きでの苦い経験

しかし、過去一度だけ、債権者集会で「否決」された例があった。いまから10年以上前の和議の事案である。

当時の和議手続きは、一般的には、和議は「詐欺」ではないかと揶揄されるほど、信頼のない手続きであった。

それは、和議条件が可決され、認可決定を得ても、その和議条件には判決と同様の効力(この効力を債務名義といいます)がなかったため、和議会社が和議条件を履行しなくても、債権者側は債権回収のための強制執行すらできなかった(別途、訴訟を起こす必要があった)。

しかも、現在の民事再生手続きと違い、和議条件(再生計画案)の履行ができなくても、和議廃止→職権破産となる手続きがなく、和議債務者は平然と和議条件の履行を無視する傾向にあったから、余計、債権者に信用がなかった。モラルハザードも甚だしい問題であった。

このように、債権者に信用のない手続きであったから、和議条件可決には、債権額の4分の3(75%)以上の賛成(頭数では、過半数)という重い要件が必要とされていた。しかし、これだけの賛成を得ることは、困難をきわめていた。そこで、賛成票を得たいがために、一般的には債権者に受け入れられやすいような弁済内容の計画を提出していた(たとえば、90%弁済等)から、余計に計画を履行できず、私が債権者の立場で経験した中には、なんと第一回目の履行時から不履行となった、とんでもない和議会社もあったくらいだ。

さて、私が再建を指導した和議会社の話に戻そう。

「知らざるを憂う」というう債権者心理を知っているわれわれ弁護団は、手分けして各債権者を回り、和議条件による弁済完了時まで、和議会社の事業実績を毎月きちんと報告することを確約し、なんとか一般債権者のうちの79％くらいまでは賛成の内諾を得て、自信をもって債権者集会に臨んだ。一般債権者のうちの15％近くを有する大手都銀のZ銀行は、これまでに和議条件に賛成したことなど一度もないと豪語するほど、気むずかしい銀行であったから、初めから賛成票にはカウントしていなかった。

私以下4名、計5名の弁護団で臨んだその債権者集会、私は、用意した和議条件を読み上げた。

そして、投票が始まった。

書記官は木箱を持って、債権者の周りを歩き、投票用紙を回収していた。

われわれ弁護団は、一般債権者が裁判所が用意したその木箱に投票用紙を入れるのを、固唾を呑んで見守っていた。

書記官から「集計のため、10分ほど休憩します」との声が集会場に流れた。

10分が経った。

しかし、裁判官も書記官も、集会場に現れない。

15分が経った。

それでも誰も現れなかった。

債権者の方々は皆おとなしく、静かに状況を見守っていた。

すると、われわれ弁護団の座っている席の後ろからこっそりと書記官が近づいてきて、私に小声で耳打ちするではないか。

「先生、可決要件の75％に少し足りません。裁判官が打合せをしたいと言うので、先生だけ一人、私と一緒に裁判官室へ来てください」

「何かの間違いではないか。私たち弁護団の事前集計では、79％に達していたはずだ」

私は集会場の債権者に聞こえないように、書記官の耳元で囁いた。

「とにかく、裁判官が待っていますから、急いで来てください」

私は、書記官と集会場たる法廷の裏に作られている裁判官専用の通路を通って、裁判官室へ向かった。


「先生、ご苦労様です。集計を取ると、頭数要件の過半数は足りているのですが、金額要件の方が74・2％ちょっとで、あと1％弱足りません」

私は集計票を見せてもらい、慎重に賛成票の跡を追った。すると、事前に私には賛成の意を表明してくれていたX銀行が、賛成も反対もしない「白票」となっていたのだ。X銀行は7％近い賛成票をもっていた。

私は裁判官に、「このX銀行は、数日前の事前確認の際、私が支店長と会い、賛成してくれると明確に答えていた」旨を説明した。しかし、明確に反対ではないとはいえ、「白票」は和議手続上、反対票として扱われてしまうため、75％に達せず、このままでは、和議条件は否決となってしまう。すると書記官が、「先生、X銀行の担当者は、この集会場に来ていますよと言うではないか。

そこで私は、裁判官に「X銀行の担当者に直接、どうなっているか聞いてみます。投票するように説得してみます。それでもダメなときは、いちおうこの集会は和議法上は成立していますから、「続行期日」を指定していただいて、もう一度、賛否を問うてください」とお願いした。

集会場に戻ると、他の弁護団も、一般債権者も、ざわついていた。皆、不安の色は隠せなかった。

私は立ち上がり、債権者に一礼をして、事の顚末を説明した。

件のX銀行担当者を名指しし、「おたくのX銀行は、数日前には賛成すると支店長がおっしゃった。そして、この集会場で賛成票を入れると言われた。投票用紙に記入して、投票していただけないか。もし、それができないなら、いますぐ支店長に電話して、確認してほしい」

X銀行の担当者は、まさか自分が無投票をすることで、このような大問題に発展するとは思ってもいなかったらしく、真っ青になって、支店長からそのような指示は出ていないので、集会に出席するだけでいいと思ったと弁解した。

なんと、X銀行の支店長と担当者との間に、うまく意思の疎通、伝達がなされていなかったのだ。支店長も、取引先の「和議」は初めてのことで、てっきり出席した担当者が賛成していると思っていたと、後日私に話したが、そのときはそれどころではない。件の担当者はいったん廊下に出て、必死に支店長に連絡を入れるが、出張先ということで、支店長がつかまらないと泣きそうな顔で言う。これ以上、担当者を責めてもかわいそうだ。

結局、裁判官と打合せどおり、次回の「続行期日」を定め、当日の集会は閉会とした。

出席して賛成してくれた債権者の方々には大変なご迷惑をおかけしたが、次の続行期日にも再び来ていただくよう頭を下げてお願いした。なぜなら、次回の期日にも来ていただかないと「欠席」＝「反対票」扱いとなってしまうからだ。

翌日、X銀行の支店長が私の事務所に飛び込んできて、頭を深々と下げ、お詫びをしてきた。「先生、誠に申し訳ない。次回の続行期日には必ず賛成します。昨日の集会日の否決で、和議会社は大丈夫ですか」と、不安げに私の顔をのぞき込んだ。

支店長は、昨日の集会の否決が和議会社の事業に悪影響を与え、「破産」にでもなれば、破産配当率は和議条件に比し、皆無に近く、X銀行にも多大な損害が発生するやもしれず、また、銀行の本部で賛成との稟議が出されたのに、本番の集会でその意に反した行動をとったことが、責任問題に発展しないかと不安がっていたからである。

と言うのも、私が件の担当者の優柔不断な対応に腹を立て、「万一、次回に行う続行期日に今回の出席者の都合がつかず欠席でもされ、そのために和議条件の賛成票が75％に届かず、否決されでもしたら、取引先に対し、多大な損害が発生しかねません」と言っていたからだ。

そして、1か月後のサバイバルの日。なんと、84％の賛成票を獲得した。

ともあれ、「続行期日」の可決で、件の和議会社の命は首の皮一枚でつながった。

「知らざるを憂う」——債権者の心を知る

そして、10年の歳月が経て、件の会社は今般、無事、和議条件を完済した。

私は、銀行団に対し、和議条件に賛成してくださいとお願いした際、会社の実態・中身のわかる『月次報告書（損益計算書・資金繰り表）』を、当月分を翌月25日に提出すると約束した。銀行団としては、和議条件に賛成した後、会社が何をやっているか、どのような業績になっているかを知らないでは、銀行団のコントロールがきかないことを懸念していたからだ。

「知らざるを憂う」である。そして、この10年間、毎月毎月計120回もの「月次報告書」を私の名前で銀行団に提出してきた。この習慣は、会社にとっても、己の実情を正しく把握し、己を律するという意味で、役に立った。

そして、件の会社は、第一〇回目の和議条件の支払いをもって、和議条件を完済した。ただの一度も遅れることなく、和議条件の履行は終了した。和議条件からの卒業だ。立派にやり遂げた。和議は詐欺だ、と揶揄していた当時の債権者の顔を思い浮かべた。

私は、会社から「最後に先生からひと言、債権者の皆様に感謝の意を述べてほしい」と頼まれ、以下の文書を最後の和議条件の弁済時に債権者の方々に送付した。

平成○年○月○日
債権者の皆様方へ

御礼

株式会社K社
代表取締役　○○　○○
代理人弁護士　村松　謙一

前略

債権者の皆様方におかれましては、ますますご清栄のこととお喜び申し上げます。

今般、㈱K社の10か年にわたる和議条件の最終弁済が無事終了することとなり、㈱K社は「和議会社」との冠をはずすことになりました。

これも、皆様の㈱K社に対するご支援、ご協力の賜物と深く感謝しております。裁判所の統計でも、和議会社による和議条件の履行完遂はきわめて珍しいとのことであります。

思えば、10年前の和議条件の成否を決める東京地方裁判所での債権者集会で、一部の金融機関の理解が得られず、当時の和議条件可決のための75％の可決条件にわずか1％足りず、このままでは破産（会社閉鎖）となってしまうところを、第二回の続行期日（平成○年○月○日）で債権者の皆様のさらなるご理解、ご協力を受け、84％の可決（頭数では、97名中94名の同意）となり、無事、和議条件が成立したことが、昨日のように思い出されました。

企業というものは、決して**当該企業単体・独力で生きていくことはできません。**企業を取り巻く取引先（受注者、下請加工先、仕入先）やそこに働く社員、株主、当該企業が生み出す商品を使ってくれる消費者等、**企業を取り巻く多くの方々（ステークホルダー）に支えられて存在しているものです。**だからこそ、**企業を潰すことは、多くの方々に多大なご迷惑をおかけすること**になってしまうのです。

心肺停止状態に陥った㈱K社を蘇生させ、それこそ、より健全で安定した企業に育ててくれたのは、N㈱をはじめとする、他ならぬステークホルダーたる皆様方でした。奇しくも、当職が本年1月11日のNHK「プロフェッショナル　仕事の流儀」に出演して話した「企業の再生は、企業に関与するすべての人間の再生であり、そのご家族の方々の再生である」との信念の下、当職として、㈱K社をこの10年間指導してまいりました。今般、**無事、和議条件をただの一度も違えることなく、地道にかつ堅実に経営をしてきました㈱K社の経営者とその従業員一同と、この㈱K社を見捨てず、憐憫の情で㈱K社を見守り、取引を続けてくれた皆様方を、私は誇りに思っております。**

私の人生においても、この㈱K社の和議条件の完済は、大きな意味を有しております。

本当にありがとうございました。

今後とも、生まれ変わった㈱K社と引き続き、お付き合いくださるよう、重ねてお願い申し上げますとともに、皆様のさらなる安定と平穏を祈念しております。

草々

会社は生き物である。

体力が弱り、いまにも息を引き取りそうな会社でも、そして、誰からも見放された会社でも、**適切な救命活動をしてあげさえすれば、元の体力に回復する。**そして、自己反省と努力により、ご迷惑をかけた債権者の恩義を十二分に感じ、その**感謝の心を忘れなければ、多くの人に支えられ、再び会社は蘇る**のである。

だからこそ、100%の絶望の中でも、会社再建はあきらめてはいけないのだ。

日本経済がどん底にある今日、疲弊した遠い地方の中小企業を救済するため、志のある、そして人間としての情のある企業救命士（ターンアラウンド・マネージャー）の出現が望まれる所以である。

会社救済ファイル 11

遅れし企業を見捨てずに

——関係者の善意のスクラムで建設関連会社を生き返らせる

弁護士としての「正義」とは

2001年4月から、5年半の間に及ぶ小泉内閣の残したものの中に、もちろん立派な遺産もあるだろうが、『負の遺産』と呼ぶしかないものがある。行き過ぎた競争社会が生み落とした「格差社会の拡大」という現実である。一部の富裕層とそうでない層の差が拡大しているどころか、生活困窮者（とくに生活保護受給者）が増大しているという現実だ。

私は、01年12月5日に、参議院の財政金融委員会で参考人として意見を述べた際、後に続く力のない者、弱き者、競争に遅れし者たちを見捨てて、ひと握りの強き者に富を集中させて前を進み続ける競争社会はいかがなものかと、倒産の現場の最前線で見聞きしたことを国会議員の先生方に訴えた。それが、それまで20年近く倒産事件ひと筋に取り組んできた私の、この場所に呼ばれた「役割」と考えたからだ。

なかには、「うん、そうだ」と弱者の目線に降りてきてうなずいてくれる議員もいる中、「ひと握りの弱き会社、とくに死に体の会社を救済する費用対効果を考えたら、一度潰して、新しいものを創造したほうが、国家のためになるのでは」と、高所からの目線を降ろそうとしない民主党の国会議員がいることには驚かされた（後で、その議員が医者だと聞いて、二度驚いた）。

ちょうど不良債権の処理が問題となっていた時機だ。企業に対する貸付金の不良性を正常債権、破綻懸念先債権等に分類し、ランクの低い実質破綻懸念先企業に対しては、債権回収を急ぐように指導があった時機でもある。

ここにいう破綻懸念先企業とは、弱り果てて、お金が足りずに困っている企業や、実力以上に借金をして、その借入金の負担に体力を消耗している問題企業等を指すが、ただでさえ通常の返済が苦しいのに、「一度に全部返せ」というのは、物理的にもほとんど不可能に近い。企業として稼働している工場を売ってお金をつくり返済することは、人間の体でいえば、心臓を売ってお金をつくって返すに等しい。

たしかに返済は大事ではあるが、そこまでして、返さねばならないのだろうか。貸し剥がしという事案が現れ、社会現象化したが、不良債権処理という大義名分の下に、一番お金を必要としているこの時機に、『貸し剥がし』の犠牲になった会社は数え切れない。

先日、ＲＣＣ（整理回収機構）の役員弁護士の方々と対談があった。その席でもＲＣＣ側は、『回収』の経済合理性を強く主張していた。

しかし、ちょっと待ってくれ。ことは「**再建**」**という特殊な場面**である。正常の取引の現場ではない。再建の場面では、**まず再建を目指すことが優先する。回収はその後だ。**法はそのように規定している。

それを忘れ、行き過ぎた回収のあまり、工場等を追われた従業員らの生活や取引先の困窮等に対する思い、**人道的見地や命の重みという「正義」の前には、経済合理性という「正義」は一歩後退する**のではないか。私は、人権擁護と弱者救済を使命とする弁護士としての立場を強調し、RCCの幹部である前に、弁護士であるあなた方がそのことを担当者に教えてほしいと訴えた。

現在はさまざまな事情で、10の力しかもっていない企業に対し、貸した当時の100を返せと言っても、100を返すことができないのはわかり切っている。逆に、10の力しかもっていない企業でも、体力を回復し、時間をかければ、その10が30にも50にもなることは、十分経験している。

スピード化、早期処理という命題に縛られすぎて、企業本来がもつ自然治癒力を見失ってしまった結果、悲惨な倒産が激増してしまった。悲惨な倒産に起因する自殺者が、年間3万人のうちの3000人を超え始めたのは1998年である。

不良債権の処理は、潰して回収する方法だけではない。企業を再生させる不良債権の処理が望まれて然るべきだ。たしかに現在、上場企業は力をつけつつある。しかしそれは、この5年間の多くの不良債権の処理による企業の屍の上に成り立っているものであることを、われわれは忘れてはならない。

『みかえり阿弥陀如来像』

話は変わるが、京都の南禅寺近くの秋の紅葉で著名な永観堂禅林寺のご本尊に、「みかえり阿弥陀」と呼ばれ、広く知られている仏像が安置されている。

この阿弥陀像は、首を左にかしげ、少し後ろを振り向いている姿で立っている。前を見据えてまっすぐ立っている仏像が多い中、きわめて珍しいものである。競争社会、格差社会と言われる現代社会だからこそ、この「みかえり阿弥陀」に教えられるものが多いのではないか。

それは、他人に対しては、**遅れる者を待つ姿勢**、思いやり深く、**正面だけでなく周りを見つめる姿勢**、自分に対しては、自分**自身を省みて、人々を正しい方向へ導く姿勢等**は、**前へ前へと息も絶え絶えに先を急ぐ現代の競争社会や、拝金主義に陥っている現代社会についていけない、多くの弱者の方々の心のオアシスになるもの**ではないか。

本項は、この「みかえり阿弥陀」像の姿勢を実践する東北地方のT金融機関に救われた話である。

ある建設関連企業（本項では、A社と称す）が、本業以外の新規ビジネスの立上げや株式投資等の財テクに足下をすくわれ、窮地に立たされているとき、やせ細ったわずかな実を摘み取る（貸し剥がし）のではなく、時間をかけて育てて、そのたわわな実をいただくことこそ、債権回収の極意であることを知っている地元金融機関（地銀）と当事務所弁護団との二人三脚の会社再建攻防記である。と同時に、地域密着型金融機関の事業再生ビジネスモデルの一つでもあるので、経営悪化で悩んでいる企業に勇気と希望を与えるために紹介することとする。

始まりは廊下での立ち話から

A社とは別のある建設会社のグループ会社が、営業譲渡による企業再建が無事成立し、社長ら役員を同行して、メインバンクたる地元の地方T銀行にお礼を言いに伺ったときのことである。

当時の審査部長のY氏が、「先生、ちょっと」と言って、社長らを応接室に残したまま私だけを応接室から外の廊下へ連れ出し、薄暗い廊下で立ち話を始めた。

「先生もお忙しいでしょうが、いま、時間ありますか。ちょっと厄介な案件なんです。地元では著名な企業であり、実績も十分な会社です。営業利益も十分出ていますが、ただ、社長が地元企業の名声を利用して、いくつかの関連会社を立ち上げたものの、いずれも順調とは言えません。当該中核企業がそれぞれ保証しており、主債務と同額以上の保証債務を負っています。また、経営者個人による株式投資が信用買いのため、多額の信用買残があり、大幅な資金補填が必要となって、中核企業の資金繰りが大変厳しくなっていることが判明しました。

当行として、再生の見込みがある以上、なんとかこのA社に再生してもらいたいと思っておりますが、先生が某地方でおやりになった私的整理ガイドラインでも、地元地方銀行がいわゆるメインよせ等で苦労した実態をいろいろな機会に耳にしています。そこで先生、当行は表立って旗振り役ができませんが、当行も先生を担ぎ出す以上、後方支援はしたいと思います。もちろん、旧経営陣の経営責任はしっかりとってもらうことになりますが……」

このY審査部長は私と同年代であり、私と同様、少々せっかちではあるが、人間としての懐の深さを備え、かつ、後に述べるが、驚くばかりの行動力をもった銀行マンであった。さまざまな地方で行う他の再生事件でも、地元金融機関の中には、このような懐の深い銀行マンがいた。形式面を重視する銀行マンが多い中、こうした再生に対する懐の深い銀行マンに出会えることは、大変貴重であり、うれしい限りであった。

このような「苗を育ててその実を採る」という、ある意味手術のためメスを入れ、その後、時間をかけてリハビリし、体力を回復させるという作業は、単に債務者のサイフの中から貸し付けた金銭を回収するという表面上の行為にとどまらない。長期的視点に立って、その会社そのものをその地域でもう一度再生させ、立派な根を付かせ、30年でも50年でも企業として存在させようとする姿勢である。

初めに債権回収ありきで終わるのでなく、まず根本に企業再生があって、副次的、二次的に債権回収の結果を得られるという『企業再生の本質』を理解し、実践している数少ない銀行マンであると同時に、真の意味でのターンアラウンド・マネージャー（TA）でもあると感じた。

Y審査部長は続けて、

「そこで、A社の抱える保証債務は、関連会社の症状も刻々と悪化させ、やがて爆弾となって、

A社はこのままでは早晩、破裂するおそれ大です。そこで、このA社および関連会社の『bad な部分』とA社の『good な部分』とを峻別して切り離し、新会社をつくって good な部分のほうを移転させる（営業を譲渡する）方式はいかがでしょうか」

私は、Y審査部長の言葉をさえぎって、

「ちょっと待ってください。最初に確認しておきますが、A社の再建の依頼者は、債権者たるT銀行ではありませんよね。あくまでA社が私の依頼者となりますよね。そうしますと、私も必ずしもT銀行の指示どおりに動くとは限りませんよ。

たしかにT銀行の意見は十分に尊重しますし、調査内容は利用させてもらいます。ぜひ力を貸してほしいと思いますが、私はあくまで弁護士です。A社を再建させるということは、イコールT銀行を含めたすべての債権者の利益になると考えて行動しております。民事再生手続きで言うところの公平誠実義務ってやつですが、A社の意向も聞かないと、再生の方針をいまここで決めるわけにはいかないと思いますが……」

「それはごもっとも。先生が日頃目指している私的再建をこのA社でやられたら、企業価値も劣化せず、連鎖倒産も起こらず、平穏にことが運ぶと思いご相談したのです。一般の弁護士の先生方が真っ先に行う民事再生手続きでは、企業価値が劣化して、取引業者にも被害が拡大してしまいます。先生も私と似て頑固なところがあるのは、これまでの別件の建設会社の再生を見てきて、十分わかっています。先生のほうでこの案件をやっていただけそうなら、今度当行の担当者とA社の役員を連れて、事情を説明しに東京の先生の事務所にお伺いしますが、よろしいですか」

「今回の建設会社のM&Aでお世話になった、Y審査部長の期待を裏切るわけにはいきませんね。私もYさんの『人を生かす』という企業再生の考え方には共感します。ぜひ、やってみましょう」

かくして、A社の私的再建による企業再生は、T銀行の廊下での私と細身の紳士であるY審査部長の二人だけの、このひそひそ話から始まるのである。

そして、このY審査部長と部下の熱血なK氏らの力と支援がなければ、A社の再建はできなかったと言っても過言でなかったことは、A社の運の良さであろう。いつの再建もそうであるが、再建は人に恵まれるか否かである。

A社長の尊厳

A社社長と役員らが東京の私の事務所にやって来たのは、それから数日後のことであった。私は、A社長に事情を伺うと同時に、A社長の今後の処遇を説明した。地元の名士であり、実力者でもあるA社長として、『経営責任』について、どう考えているかを聞いた。地元では著名な方だけに、その引き際について、そのプライドを傷つけないよう、こちらも慎重に配慮してあげる必要があるからだ。たしかに、責任は責任として、どう腹をくくるかは重要であるが、その人間性（尊厳）まで否定する必要はない。権力を剥奪され、すでに年老いた弱き老人にムチ打つ非情を、私は持ち合わせていない。

A社長は潔く引責辞任し、担保提供している私財を処分、換価して、返済金に充当することを明言してくれた。さすがに一代でこれだけの企業を育て上げた人物だけに、年齢を重ねた人間としての重み、反省の弁は、私の耳にとても素直に聞こえた。

私はA社長の引責辞任の意思を確認すると、A社役員F氏らとA社の再建スキームの確認作業に入った。しかし、この方針決定が難航続きであった。

再生のための企業再編方式の選択

私は、Y審査部長と話し合っていた営業譲渡の形態、すなわち、火薬庫となったA社のbad部分とgood部分を切り離し、新会社を設立して、そのgood部分のほうをそちらに移行（引越し）させる、通常の『事業譲渡』の形態を提案した。するとA社役員のF氏から、異論が入った。

「先生、当社は建設関連事業ですので、公共工事への参加資格の点で、地元の経営審査会（経審）の評点が重要になってきます。従来のA社であれば、社歴も40年以上と古く、売上高実績も十分にあり、特Aの評価が維持されるでしょう、でも、譲受会社たる新A社では、実績もなく、社歴も形式上1年とカウントされてしまいますから、特Aの評価は維持されず、公共工事等の受注に苦戦し、売上高は、これまでの半分以下になってしまいます。

お役所は、そういう形式的な書面審査基準ですから、いくら実体を引き継ぐといっても、通るかどうか不安です。そうなると、返済原資もごくわずかになり、債権者の方々の反対にあうのでは……。それよりも、先生が以前おやりになった『会社分割』のほうはどうですか。A社にgood部分だけを残し、むしろbad部分のほうを外に移転させる方式です。この方式であれば、経審の問題はクリアーできると思いますが」

F氏の口から『会社分割』という言葉が出るとは思いもよらなかったが、F氏が事業再生のことをよく勉強されていることには感心した。

たしかに私自身も、別の地方の建設会社で事業譲渡、会社分割の2段階ロケット方式による再生を果していたので、F氏の提案はごもっともであった。件の会社の場合も、経審の問題をクリアーするために、あえてbad部分を外に切り出した経験があるからだ。

たしかに『会社分割方式』は、会社の主要財産、とくに製造工場等を新会社に移動させる場合には、登録免許税や取得税の負担を免れる（軽減される）等の税制上の恩恵があり、資金面から見たら、登録免許税（評価額の3％）として数百万円の負担がかかる本件では、『会社分割』案は大いに魅力であった。

しかし、会社分割は、事業譲渡と異なり、会社分割登記により効力が発生する（新設分割）ため、原則として全金融機関の賛成が必要となる（債権者保護手続き。もっとも、この手続きを不要とするやり方もある（会社法810条1項2号））から、A社の金融債権者の顔ぶれが重要となる。

地元金融機関4社に加え、サービサー5社、さらに信用保証協会2社が名を連ねている。果して、これら11社全員を、一人の反対もなく、会社分割に賛成してもらう方向に導けるか？　いずれにせよ、私的再建は、金融機関全社の相互理解の上に成り立つ方式なのである。

たしかに別件での会社分割のときも、10社全員の了解を取り付けたが、ひと口で括れるほどラクなものではなく、そのために約1年を要したし、信用保証協会は最後まで反対し、競売申立てすらされた。とりあえず反対との異論を唱えるＲＣＣに対する説得も、地元銀行の肩代り弁済の協力支援があったからこそ、達成できたものである。その苦労は、想像をはるかに超えていた。

本件についても、たしかにA社の会社分割のメリットは、事業譲渡のメリットを上回っていた。さあ、どうする。11社の説得をやれるか、否、やらねばならないか。別の案件では、できたではないか。しかし、この実績を自信とするほど、私は自分の実力を過信してはいない。全員賛成を取れたのも、あのときは天が味方したと思っている。私は心の中の自分に語りかけていた。

すると、「お父さん、頑張ろうよ。私はいつも逃げなかったよ」、娘からの声が聞こえたように思った。

よし！　困難の壁から逃げてはダメだ。捨て身であたれば、きっとわかってくれるはずだ。いつもの言葉が私の頭に響いた。それに今回も、私と同様に会社再建に熱い思いを抱くY審査部長という強力な理解者がついているではないか。

「わかりました。本件は、『会社分割方式』でいきましょう。そして、bad部分のほうを外に出しましょう」。すぐに私はY審査部長に、A社幹部役員らの意見を報告し、A社の再建を会社分割方式で行うことを説明した。さすがにY審査部長は心配したのだろう。

「先生、大丈夫ですか。全11社の金融機関の了解は取り付けられますか。とくに地元の信用保証協会はわれわれも説得にあたりますが、債権回収業務を行うサービサーや東京の信用保証協会が、会社分割といえども、実質上債権カットになる方式に応じてくれるでしょうか」

「さあ、わかりません。ただし、信用保証協会でも、会社分割方式による再建スキームのほうが弁済額が増加することを理解し、経済合理性にかなうとして賛成してくれた事案も現実に経験していますから、法制度としてできないということはないはずです。やってみますよ」

会社分割に問題が勃発

しばらくの期間、A社のF氏と会社分割についての振り分け作業の資料作成に没頭していた。A社の財務分析をし、資産の洗い直しをした後、A社に置いていくgood資産と新A社にもっていくbad資産との振り分け作業をして、引継資産目録のバランスシートを作成して、T銀行へ提示した。

すると、T銀行からクレームがついた。新設A社のbad資産を基に決算報告書を作成すると、設立当初から、実態B／Sは『債務超過』になるから、問題解消にならず、この分割案は賛同できないという内容であった。

たしかにこの当時は、分割会社と承継会社の両社につき、『債務超過』になるような会社分割は、資本充実の原則、履行の見込みあることとの記載という形式的条件面から、認められないというのが通説であり、実務の運用一般であった。

しかし、当時から私は、当該会社が債務超過会社であっても、会社分割は認められるという意見をもっていたし、ましてや法務局の登記手続きにおいても形式主義であり、実態バランスシート上は赤字でも、形式上簿価ベースで黒字であれば十分でないか（実勢価格が簿価を大幅に下回り、実態バランスシート上は債務超過となっても、会社分割の登記は可能である）と考えていた。

この点を強調して、形式上は残る分割会社も、承継会社も、両社とも簿価上は債務超過ではないのだから、bad部分を外に出す方式の会社分割を理解してほしいとお願いした。だが、やはり、実態上の債務超過会社の会社分割は問題との通説に立ち、そのやり方はやめてほしいと言われた。

むしろgood部分を外に出し、かつ新たに『のれん代』を計上する（吸収分割方式）ことで、新設のA社は実態上も債務超過にならない（もしくは、3年以内に債務超過を解消できる）ことになるから、この方式で検討してほしいとの意見であった。T銀行としては、私が主張する少数説ではなく、債務超過会社の会社分割は認められないとの通説的見解に立って行うことが、社内のコンセンサスを得られるとの事情をわかってほしいと、逆に懇請された。

会社側としては、good部分を外に移転するこの方式では、経営審査会の評点がいくら実体は一緒だと強調しても、1年目の新設会社としてとらえられ、受注が困難になるとの懸念を増した（後述）が、最大の支援者であり、今後、会社とともに金融債権者の説得の労を担うT銀行の意向も、尊重しなければならなかった。

なお、この「履行の見込みあること」の条件は、2006年5月施行の新会社法で以下のように変わったので、今後は、上記のようなT銀行とのやりとりはなくなるのであろう。

（注）新会社法での扱い

［事業再生における会社分割の問題点］

旧商法では、「会社の負担すべき債務の履行の見込み」が「**あること**」（**及びその理由**）を条件としていた。（旧商法374条の2第一項3号、同374条の18第一項3号）

↓このため、実質債務超過に陥っていたり、支払能力に欠ける経営不振企業が、会社分割を利用することを躊躇していた。

［実務の扱い］

↓しかし、このような経営不振企業、実質債務超過企業こそ、問題となっている過剰債務を引き離し、債務超過を脱却するために、この会社分割制度を利用して、生き返りを図ることが、社会的価値の有用性を保つことになり、雇用の確保を含め、経済合理性を有することになる。
↓そこで、従来の実務上は、債権者と債務者間で、債権放棄等の債務弁済の合意、了解を取り付けるべく各債権者間と交渉をなし、すべての債権者の了解を取り付ける必要があった。合意内容としては、履行可能性額（見込み）の確定である。この合意によって変更された後の残債務（履行見込額）について分割後の会社が履行をなしているのが実情である。
↓そこで、新会社法は、以下のように改正がなされた。

［新会社法による改正］

新会社法での開示すべき事項の内容として「履行の見込み」に「**関する事項**」でよくなり（会社法施行規則182条7号等）、履行の見込みがあることまでを開示する必要がなくなった。換言すれば、各会社が、負担すべき債務について、履行の見込みがないような会社分割を行った場合でも、その旨を開示するだけでよいこととなった。

［改正に関与した立法担当官の意見］

① 「債務の履行の見込み」とは、あくまで将来予測に関するものであり、会社分割のその時点では、きわめて不確定であり、事後に債務の履行の見込みがないとして、無効とすると法的安定性が害されてしまう。

② 債権者については、「債権者保護手続き」または、「債権者取消権」によって、別途保護が図ら

れている。

（相澤哲・細川充「組織再編行為」『商事法務』1769号、19頁）

債権者平等原則とは何か

A社のF氏から、困った相談があった。金融機関団の中の地元C信用金庫の扱いを、他の金融機関に比べて優遇できないか、というのである。話はこうである。

A社が経営難を訴えて、資金繰りを安定させる目的で各金融機関の返済を停止させた後、建設関連企業だけに、手許資金が必要になるが、返済猶予を申し入れたA社には、当然ながら、どの金融機関も新規融資はしてくれなかった。かのT銀行も社内規定から、追加融資はできず、同様であった。このようなA社の事情を理解、認識しながらも、A社の資金不足を解消するため、資金供給をしてA社を支えてきたのが、地元のC信用金庫であった。

C信用金庫から新規調達した資金は、A社の運転資金だけでなく、他の金融機関からの借入金の返済や金利の支払いに充当してもいたから、他の金融機関としては、C信用金庫には感謝しなければならないはずである。T銀行のY審査部長も、このC信用金庫の支援融資分の扱いだけは、通常の貸付金とは別に扱ってもかまわない、否、別に扱うべきだとの意見をもっていた。

しかし、サービサーの中には、『債権者平等原則』を貫く以上、A社の返済停止後に発生したC信用金庫の新規融資についても、特別に扱うことなく、債権カットの対象にしていただかないと、社内の稟議がとれないと主張するところがあった。C信用金庫のA社への支援融資は、C信用金庫の独自の判断で行ったのだから、回収できなければ「自業自得」でしかないというのである。

そうであろうか。私としては、他の誰もがA社から離れていったこの時機に、A社の窮状を見かねて、A社を救済するために、命の水たる資金を融資してくれたC信用金庫のこの新規融資分は、それまでの旧債務と異なり、何とか保護してあげたかった。それが恩義に報いる、人間としての姿勢ではないか。C信用金庫の支援があったからこそ、いまも会社が存続し、今後の返済額をいかに多くするかという、前向きな話ができるのではないか。

そう言うと、件のサービサーは、「やがて沈みゆく泥船にガソリンを供給するC信用金庫のほうが、脇が甘いのではないか。『平等原則』から見れば、担保を取っていない貸付金に色はなく、債権カットされても仕方がないではないか」と、あくまで形式的平等にこだわり、C信用金庫のこの救済資金の扱いにつき、特別扱いすることは認められないし、そんなことをすれば、会社分割に反対するぞと主張してきた。

たしかに、本件が民事再生手続きや会社更生手続き等の法的手続きであれば、開始決定日前に発生した無担保債権として、一般再生債権や更生債権の扱いとして対応せざるを得ないであろう。本件で私が法的な民事再生手続きでなく、裁判所を関与させない私的再生手続きを選択した理由の一つには、このC信用金庫の扱い方の問題があったからだ。

私は、件のサービサーに対し、こんなふうに伝えた。

「たしかにC信用金庫は、会社が返済を停止した後に、単に温情的に融資を続けたのは脇が甘かったのかもしれない。しかし、厳格な対応で、他の金融機関と同様にC信用金庫まで引いてしまい、すべての金融機関から、あの時機に見捨てられていたら、果していまのA社は存在していたでしょうか。

C信用金庫のこの融資は、民事再生手続きでいえば、緊急融資（DIPファイナンス）のような意味をもちます。この時機のC信用金庫のお金が、あなた方への返済資金にもなっていたようです。C信用金庫の犠牲のうえに、あなた方のA社への貸付金の債権回収ができていたのです。とすれば、返済停止というA社の窮状を知っていたあなた方への返済金は、『否認』等の行為で戻していただくことが、真の意味での平等じゃないでしょうか。

A社が窮状を表明し、他の金融機関の融資が拒絶されたこの時機以降に融資してくれた分だけでも、DIPファイナンス的扱いをして救済することこそ、正義であり、『実質平等』だと考えています。

それに私的再建は、法的再建手続きと異なり、各債権者一人ひとりとの合意のうえに成り立っています。幸い、**他の大勢の金融機関は、**C信用金庫の緊急融資分については、自分たちもその恩恵にあずかっているし、何よりも**自分たちの代わりにC信用金庫が融資をしてくれたこ**

とを十分に評価し、その扱いについては、私的再建の代理人である私に任せてくれています。貴社もこの点、ぜひ理解してください。お願いします」

その後、何回か件のサービサーとのやりとりがあった。

いわば、形式論対実質論。形式的法律主義か、人間としての情に報いる実質平等主義か。私は持論を熱く語り、妥協点を見出した。Y審査部長と相談のうえ、件のサービサーに提案した。

「C信用金庫の新規支援融資分については、全額返済の対象としますが、ただしその扱いは、一般の債権の弁済に後れる劣後債権の扱いとして調整するので、なんとか理解してほしい」

ようやくのこと、件のサービサーもこのC信用金庫の緊急融資分の扱いを全額弁済対象債権(ただし、劣後債権扱い)として、goodカンパニーへ移行させる資金に乗せることを了解してくれた。これでようやく、会社分割の絵が描けることになった。

ここまでに、第一回銀行説明会を開催してから、実に3か月が経っていた。

社員への説明をどうするか

A社の経営悪化の原因が何であるかは会社役員、幹部らは知っていたが、会社が危機的状況にあることすら、広く社員らに対しては知らせていなかった。一般的には、どの経営危機会社も社員に会社の状況を知らせることはしていないから、A社の対応は当然であろう。しかし、社員らの給料の1割カット等の合理化を実施していたから、社員たちも薄々は会社の実情が相当に厳しいということくらいは感じていたはずだ。

問題は、社員らに会社の窮状を知らせてよいものか否か、説明するとしても、どこまで社員らに説明するかという問題である。会社内の幹部会議では、社員らに現状を説明して動揺を生じさせたり、会社の経営悪化状況が社員らの口から、家族や取引先を通じて世間に知れ渡ることで、信用不安が拡大し、取引の拒絶等倒産の引き金になりはしないかと危惧する声が多かった。

たしかに、民事再生や会社更生のような法的再建手続きでは、新聞や報道を通じ、取引先はもちろんのこと、全社員にも会社の経営悪化は知れ渡り、企業価値が急速に劣化するという事実がある。そのことが、会社の経営悪化状況を知らしめることなく、したがって、信用不安を引き起こさせず、企業価値を維持し、取引先を巻き込まない私的再建を選択する大きな理由となっていることも事実であるから、法的再建手続きと異なり、社員への説明については、その説明の是非も含めて、慎重な配慮を要することになる。

しかし、私の考えはこうである。会社を救うも潰すも、社員次第である。突き詰めれば、心を有する人間集団である。マインドが重要であろう。とすれば、社員自身の身になって考えることが大事である。毎日会社に出勤するが、「果して、会社は大丈夫なのだろうか。いまのような会社に、仕事をとってきていいのだろうか（お客様に迷惑がかからないか?）。今月の給料は出るのだろうか。経営者の個人的問題で会社が危うくなっているとの噂（情報）は、果して本当なのだろうか」等、日々疑心暗鬼にかられ、不安な気持ちで仕事をしなければならないとしたら、どうだろうか。

投げやりな態度や、モラルの低下すら招きかねないであろう。手抜き工事をして、人身に対する被害を及ぼすことになりはしないか。何よりも、会社を支える社員全体の士気（マインド）が低下しては、会社再生はおぼつかないことは、私自身、何度も経験している。

私の私的再建での方針は、主だった社員ら（全社員ではない）までには、できる限り、会社の情報、とくに会社が窮境に至った事情（＝過去）、何もせず、手をこまねいていれば、あと数か月で資金は底をつくかもしれないこと（＝現状）、金融機関への要望と経営改善計画の要旨（＝未来）を説明することにしている。

要は、社員らの疑問に答え、その不安感を払拭することで、一人ひとりのその士気を高め、会社全体のモチベーションを上げていく作業が必要となるが、それには、支援をお願いする金融機関に提示する資料と同様に、会社の過去（経営危機原因）、現在（会社の危機状態）、未来（経営安定化への脱出）を説明し、社員らの頑張り次第で会社が救済されることを、社員らの心に植えつける必要がある。

会社は、人、物、金で成り立ってはいるが、その中核は人間である社員らのつながり（結束）であり、そのつながりを強く太くするものが、社員らの「やる気」（モチベーション）なのである。

では、どうしたら、社員らが安心できるような説明ができるか。

これは、説明を誰がするかという問題である。会社を悪化させた原因をつくった張本人たる経営者が説明しても、自己弁護となり、説得力はない。やはり、第三者機関として、会社再建の実践経験豊かな私ども専門家たる『会社再建弁護士』の姿を見せることから始めなければならない。

そして、**決して君らを裏切らないこと、**私たちも君らと**一緒に倒産という悪魔と闘っていること、**そのため**金融機関も会社再建に応援してくれていること、**会社を窮境に陥らせた**役員や責任者らには、その責任をしっかり取らせること、等をきちんと説明し、**そうやって救済された会社の実例をいくつか示し、**問題解決の道筋＝未来をしっかり社員らに見せる**ことに尽きる。

そうすれば、これまで不安感のため、１００のうち50くらいの力しか出していなかった社員らの力を、『安心感』というビタミン剤により、１００に引き上げることが期待できるのである。

私は、二転三転した再建スキームも固まり、C信用金庫の救済策の全金融機関の了承を確認し、かつ金融機関説明会後の各金融機関の対応を見きわめて、漠然とではあるが、A社の再生の手応えを感じていた。

ここに至り、私自身が自信をもって社員らに説明できる時機が到来した。社員説明会を開催したのは、それから2か月後であった。

タイムリミット（異議申述期間満了）

新設会社分割手続きは、会社の資産・負債を包括承継的に別会社に移す、いわば合併と反対の手続きのため、債権者の利害に影響を与える。そこで、債権者保護手続きの一環として、1か月以上の異議申述期間を置き、それまでの間に不利益を被る債権者の異議の申し出がないことを証明して初めて、分割の登記が受理される。

さらに、その登記ができて初めて、会社分割は効力を生じる（登記が効力発生要件）という仕組み（会社法上の手続き）である（吸収分割手続きでは、分割契約書にて効力発生時期を定める）。

こう書くと簡単だが、11社の金融機関から、1社の取りこぼしもなく、全員の理解、了解を取り付けるのは、決して簡単なことではない。

われわれは、会社分割案の中でbad部分とgood部分を切り離し、good部分を引き継いだ会社のB／S上の負債（とくに有利子負債）は、もともと新会社の営業収益から10か年で返済可能な借入金の負債を限界として引き継がせているから、従来の貸付債権については、大幅な切り捨てのうえ、残りを10か年の長期間で返すという弁済協定案を提示していた。

本件では、私ども弁護団に加え、地元金融機関T銀行のY審査部長をはじめ、配下の担当者らが精力的に説得に回ってくれた。さすがに地元金融機関をリードする金融機関である。他の地元行3行と地元信用保証協会の計5行を連携してまとめてくれた。他方、その他のサービサーや信用保証協会の計6行を、当職らの弁護士チームがまとめることになってはいたものの、どうしてもサービサー2社と信用保証協会の了解が取り付けられない。会話はどこまでも平行線であった。

当職らは、破産時の配当率を示し、加えて、仮に法的手続きを取ったときの民事再生手続きによる資産劣化に基づく事業計画上の収益力による10年の返済額も示し、これに対し、本件で選択した会社分割による10か年の返済額のほうが、大幅にそれらの返済額を上回ることを公認会計士の資産査定（デューデリジェンス）資料からも提示した。

本件では、会社分割による返済額のほうが、回収の極大化に寄与し、「経済合理性」を有するものであるかを力説して回った。

しばらくして、これまで反対していた2社と保証協会が、ようやくのこと、会社分割による私的再建方式での10か年での返済額に合理性があり、かつA社の再生を図るうえで有効であるとの理解してくれた。

サービサーからの難題

しかし、次の難題が待っていた。「それならば、その金額を一括して全額払ってほしい」と言い出したのである。サービサーとしては、「時間軸」が大切であって、投資家への還元を考えたら、10か年以上の返済期間は長いというのである。

ここまでは意見の調整ができたものの、サービサーらの「一括弁済」の回答に対し、今度はT銀行の担当者からクレームがついた。

「われわれ、地元行団が10か年の長期収益弁済に甘んじているのに、サービサーだからといって、地元以外の金融機関団の方が一括弁済では不平等で、行内の稟議がとれない」

といかにも一担当者としての立場からの意見であった。

私としては、地元銀行団は10か年弁済、その他の金融機関団は一括弁済でも、全員が理解を示し、それでまとまるのなら、それでまとめるのが私的再建の妙味。法的手続きとは異なり、弾力性のある私的再建手続きを使うメリットでもあるのだから、T銀行のほうこそ、形式的扱い平等にこだわらずに理解を示してくれないかと、T銀行担当者のK氏に説明した。

そうは言っても、地元銀行団以外のサービサー等6行への一括弁済資金が用意できないでは、元も子もない。T銀行に解決金たる一括弁済資金を融資できないか、聞いてみると、案の定、「先生、それは行内規定もあり、カットされる会社への融資ではムリですよ」

とのこと。

T銀行も地元を背負っている一番の金融機関という自負があり、結構頑固であった。

結局、T銀行への協力要請とその他サービサーとの交渉は、壁にぶち当たったまま、膠着状態になっていった。

時は1月、異議申述期間満了日までは、あと20日に迫っていた。この間に債権者から異議が出されると、いままでの苦労がすべてムダになってしまう。胃が痛くなるハラハラ、ドキドキの期間であった。

Y審査部長の英断

翌々日の朝、T銀行のY審査部長から、「どうしても本日中に先生と会いたいので、必ず時間をつくってほしい。夜でもかまわない」との電話が入った。できれば、その日の午後4時、私の事務所に新幹線を乗り継いでやって来て話がしたいというのだ。

私は、Y審査部長の押しの強さに負け、すでに入っていたアポイントをやりくりして、なんとか午後4時以降の時間を空けて、Y審査部長を待った。

Y審査部長は事務所に着くや、挨拶もそこそこに、

「先生、ここは『一括弁済案』の方向で行きましょう。というのも、私ども地元で、別の案件で地元支援再生ファンドを立ち上げて、数件の旅館を「点」でなく「面」による一体再生をしたことがあります。当行が直接融資するわけにはいきませんが、この地元支援再生ファンドを立ち上げ、そこに肩代りをしてもらって、借入を起こして、いったんはすべての金融機関に提案していた10か年収益弁済額分を返済し、まずは『会社分割』の手続きを進めて完成させるのです。

その後1か月以内に地元銀行団で協調融資をして、地元支援再生ファンドに返済し、後はこの協調融資に対し、10か年～15か年でゆっくり返済していけば、十分返済は可能ですが、どう

でしょうか。地元金融機関団は、当行が主幹事となって、なんとか説得してみましょう。この後、そのファンドに会って、いまの話を頼んでみます」

「それはいい考えですね。それならば、件のサービサーのムリな難題にも応えられますし、新設会社にとっても、10か年以上の返済期間をいただけることで、事業計画の達成、履行の確実性は、より確かになるでしょう」

「先生。ところで、一括弁済である以上、DCF法による現在価値を求めることになりますが、『割引率』（危険負担割合＝リスクターミナルヴァリュー）をどれくらいにしましょうか」

「そうですね。A社は建設会社関連ですから、とくに公共工事の縮小や建築資材費の高騰等、不確実要素がきわめて高い業種であり、リスクターミナルヴァリューは、通常より高くなると思います。この種の業界の再建では、10％前後になるのが一般です。

いちおう、公認会計士の先生に、DCF法での10か年の返済額を、いま一括で弁済した場合の現在価値を割引率8～12％前後でいくつか出してもらいました。もう、あまり時間がありませんので、公認会計士の先生には徹夜でもしてもらって、5日間くらいで数字を出してもらいましょう」

Y審査部長の押しの強さ、行動力とその機転、決断力に感心するとともに、膠着していた壁の間から、わずかではあるが、光が差し始めたことを感じた瞬間であった。

公認会計士から、DCF法に基づく各金融機関への一括弁済額の試算報告書が提出された。割引率は11％に決定した。異議申述期間の満期までは、あと7日を切っていた。

コベナンツ条項

「この『コベナンツ条項（権利制約条項）』の第5条と第8条については、了解するわけにはいきません！」。私はかなり強い口調で、T銀行の担当者K氏に拒否の説明をした。

「当行では、問題ないと思っていますが……」。件の若いK氏も、ムッとした口調で返答する。

T銀行のY審査部長の提案で始めた地元行4行による新設会社への協調融資を行うための契約条項を、幹事行たるT銀行担当K氏と詰めていたときである。

金融機関は『経営責任』の一環として、権利制約条項（コベナンツ条項）を設定することが多い。モラルハザードの点でも、『経営責任』は重要であり、どのように取るかを判断することは大切であり、そのことに文句を言うつもりはない。ただ、債務者たる会社と、一債権者たる金融機関との二当事者間の締結で、どんな条項でも記入し、契約締結により、会社を拘束させ得るものでないことを、金融機関には理解してほしい。

すなわち、会社には多くの利害関係人がいる。定款を変更したり、営業譲渡をしたり、減・増資をする条項等については、たしかに会社と金融機関との間の権利制約条項に記入することはできても、その効力発生は、あくまで執行機関や取締役会とは別の「株主総会」という機関での特別決議（意思決定）を要する事項が多数ある。

したがって、金融機関との間で約束したからといっても、必ずそのとおりになるとは限らない。別に開催される株主総会で了承されて初めて、効力が発生する強行法規も商法上多数存在するのだ。いくら金融機関といっても、一大口債権者にすぎないのだ。当事者間の取決めは私的自治であり、許されるとしても、あるいはいくら取締役会での決定をもってしても、決して株主総会の権限までをも制約することは、強行法規である以上、できないことを私は銀行に伝えたかった。

しかし、金融機関は頭が固かった。

何度もやりとりをするうち、表現を工夫したらどうかとか、当方の顧問弁護士は大丈夫と言っている等のテクニック論に頼ってきたから、上記の会話で私自身、少々頭に血が上ってしまったのだろう。

なぜなら、権利制約条項とは、その条項に違反した場合は、経営者の解任事由であったり、期限の利益喪失事由に直結する会社の命運を握る重要なことがらであるだけに、会社にかかる全従業員とその家族らに影響する事由でもある。「もし、株主総会で株主らから否決されたら、どうするの?」との私の疑問には、なんら答えていなかったからである。

いくら、これまで二人三脚でA社の再建を行ってきた地元T銀行に対しても、感謝は感謝として、これは法律論の世界である。法律を扱う当職としては、法律上問題となるような誤った契約締結をするわけにはいかなかった。彼ら大勢の生活を、誰が守れるのか。少なくとも、弁護士である当職らが防波堤になるしかない!

このとき、1か月異議申述期間満了日まで、あと3日に迫っていた。

当職らは、最後まで一括弁済にこだわっていたサービサー2社と信用保証協会を訪れ、会社分割の最終段階としてのエグジットファイナンスとして、地元再生ファンドを立ち上げ、投資家から一括弁済額の融資を受ける。これにより、11行の金融機関の新会社への分割による引継額のほうは完済させる。

その後、新会社への融資を行った地元再生ファンドに対しては、改めて地元金融機関団4行から協調融資を受けて、長期弁済に切り換え、安定的な健全企業として再生する、との前述の再生スキームを示し、その理解を求めた。

すべての金融機関から下記仕組みの会社分割案に理解を示していただいたのは、1か月異議申述期間満了日の前々日であった。

図表3 | A社の分割による再生スキーム

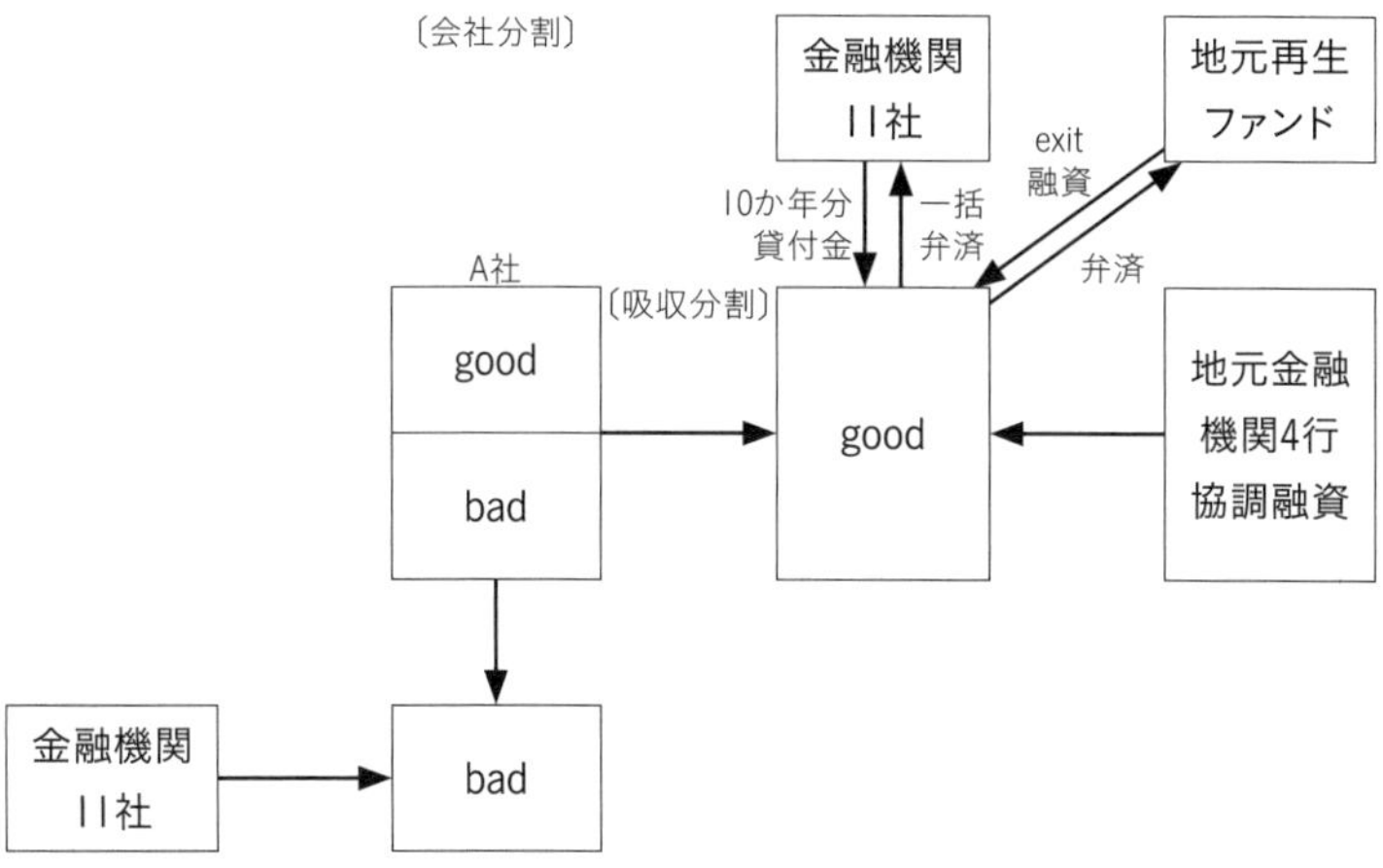

最後の仕上げ（プレパッケージ型支援協議会の活用）

当職は、これらの会社分割による有利子負債の実質上の大幅カットに対し、商取引先債権を取り込まない、金融機関団との交渉だけによる私的再建スキームで進めてきたものの、金融機関団の中からは、手続きの透明性を不安視する声が聞こえた。

当職としては、衡平、公正を旨とし、透明性をもって、すべての金融機関に対し、同じ情報を提供し、『等しからざるを憂う』『知らざるを憂う』との債権者心理に配慮して行動しているものの、やはり、私に対する信頼感を全債権者が有するものでもないことは、わかっている。

全金融機関に集まっていただいた金融機関債権者説明会を数回開催し、客観性も相当性も有する私的再建手続きであるから、法人税法通達上からも、仮に債権放棄したからといって、無税償却の対象となるものと理解してはいるが、やはり金融機関は、無税償却等について、裁判所が関与していないだけに、心配になることは通常である。

そもそも本件では、分割会社に対する債権はそのままであり、債権放棄は1社もしていないので、無税償却の問題は出てこないが。

そこで、最後の仕上げとして、地元の『中小企業再生支援協議会』（支援協議会）を活用することとした。

普通は、経営危機にあえぐ中小企業を、専門家スタッフを擁する支援協議会のメンバーが金融機関団と協議のうえ、再生計画案を作成し、その了解を取り付けて再生に導くのであるが、本件では、すでに当職ら弁護団チームと金融機関団チームとで完成させているのである。いわゆる『プレパッケージ型の支援協議会の申立て』である。

最終的には、支援協議会のメンバーの方々も、反対するサービサーらの説得にあたってくれ、彼らの努力によって会社分割が成功した功績も大きかったことを報告しておく。

地元経審の対応

やはり、というか、不安が的中してしまった。

東北地方のこの県の経審では、地元建設業の商法上の会社分割手続きを利用して、bad 事業（不採算事業）と good 事業（優良企業）を切り分け、少ない資源を good 事業に集中して、より効率の高い経営を目指そうとする企業の再編による企業再建の実例が、その当時はなかった。

企業経営が不安定のとき、企業の経営危機を未然に防ぐ、あるいは経営危機に陥っても倒産という最悪の事態を避けるのには、できる限り早い段階で「集中と選択」の決断にかかっていると言っても過言ではない。それには、企業経営者は見栄を捨て、正直に自分の姿を鏡に映し、会社の中身を知ることだ。

本件では、少々遅きに失したとはいえ、経営者がそのすべてをさらけ出し、反省の上に立って、全社員と会社を取り巻く全金融機関の協力で、資金ショートとなる経営危機は脱したのであるが、肝心の経審が、公共工事の参加資格の基準につき、形式面にこだわって、新規に設立した吸収分割会社での公共工事の参加資格を認めてくれなかった。売上計画が大きく下方修正せざるを得なくなるのか？　社員や金融機関に緊張が走った。

そもそも会社分割の実体は、『包括承継』であり、いわば合併手続きの流れのフィルムの逆回しと同じである。その実体はと言うと、創業50年を経過し、完工高数10億円の会社のままである。技術力を有する社員も、機械設備も、取引先も、継続工事現場も皆、分割前の会社をそのまま引き継いだ『包括承継』である。人間の体で言えば、体が二つに分かれるようなものだ。したがって、DNAも血液型も同じになる。クローンの人間ができるようなものだ。この実質論を何度も何度も訴えたが、役所としては、あくまで形式にこだわり、設立1年目の会社であり、完工高も未達のまったく別の新設会社にすぎないとの判定である。そこで何とか、特例が認められないか、と粘った。

「先生、とにかく1年待てば、お役所も会社分割が実質旧会社と同質だとわかるはずですし、特例を探してくれてますから、ここ数か月間は、入札資格は旧会社の名を通じて、参加するしかないです。先生の気持ちはわかりますが、お役所にあまり悪い印象を残したくありません。先生、あまり熱くならないでください」

逆に会社の社員に諭されてしまった。

たしかに、お役所と喧嘩することは、地元企業の将来を考えると、得策ではない。そこで再度、メイン銀行にこのお役所との交渉経緯を説明し、good 部門を引き継いだ新設会社が入札資格を取るのに約1年かかるため、会社分割初年度の事業計画が若干下方修正となることの理解を求めた（現実に売上高は、この空白期間により、計画より20％ほど落ちてしまった）。

Y審査部長は、地元お役所の対応については「形式的すぎる」との意見は私と共通しても、お役所は前例主義がはびこり、前例がないことについてはきわめて消極的であることを理解しており、「先生、ここは、事業計画の下方修正で行くしかないでしょう。そのため、当初予定した会社分割後の旧会社の破産、清算による法的処理は、もう少し先に延ばして、特例等により、新設会社が入札資格を得られてからにしましょう。その間は、旧会社の過去の実績を利用するしかないでしょう」

「そうですね。お役所の形式主義には形式主義で対応するのが、戦術としても得策です。弱点を逆に長所に利用することでいきましょう。法律上は、旧会社は存在し、昨年度の実績は申し分ないわけですから」

Y審査部長の前向きな姿勢と、そして楽天的な性格に、A社は度々救われていた。

かくして、A社は、地元の金融機関のリレーションシップバンキングの使命感と地元再生ファンドの支援、それに地元支援協議会の参加というオールキャストで再生を果した。きわめてアットホームであり、いかにも東北の地元県特有の人間性と誠実性を前面に出した再生事案であった。仕事をしていて、私のハートが温かくなる事案であった。そして、良き人たちとの『出会い』の縁に感謝した。

会社救済ファイル 12

空から吹いたフォローの風

――あきらめない誠実な対応が修羅場から脱出させる

これまでは、企業再建に携わる者として、経営者の心の奥に隠された、家族の苦しみや命に関わるつらいできごとを読者の皆様に知ってもらうために、守秘義務とプライバシーに配慮しつつ、重く苦しい話をできるだけ事実に正確に報告してきた。ここでは趣向を変えて、企業再建に関与していて、ホッとする、明るく、それでいて肩のこらない話をしてみよう。

あなたは何回も訪れる〝偶然〟に、どんな意味を見出すだろうか。

｜社長との出会い

最後に、フォローの風が吹いた、〝北の大地〟での思い出に残る話をしよう。

多くの人の縁と、さまざまな偶然が重なった再建のドラマであった。

もしかしたら、これも『天国からのプレゼント』なのかもしれない。

大手生保にいる私と仲のよい友人のS君が、単身赴任中の北海道で、旅行代理店を経営しているI社長と付き合うようになった。そして、北海道のとあるゴルフ場の中にあるろばた焼き屋で、生ビールを飲みながらI社長を私に紹介してくれた。

ごちそうになったお礼に、その当時上梓したばかりの『こうすればゼッタイ倒産しない会社になる』という私の本を、名刺代わりにI社長にプレゼントした。このときは、I社長の会社の内情などはまったく知らなかった。

しばらくしてI社長は、北海道からわざわざ東京の私の事務所に来られ、初めてお会いしたときの人懐っこそうな笑顔とは一転して、深刻そうにその困窮状態を打ち明けてくれた。

I社長のご実家は、北海道の札幌駅近くで古くから旅館業を営んでいたが、時はバブル時代。東京の資本が次々と北海道に渡り、北海道の地価がものすごい勢いで高騰していった。ワンルームマンションが乱立し、そのオーナーのほとんどが東京の住人であり、その値段もローカルな北海道値段などではなく、東京値段に近づくほどの異常な値上がりを見せていた。昭和の終わりから平成の始まりにかけての頃である。

多くの資産を有していたI社長のご実家に、とある大手都銀が訪問してきた。I社長にはその当時82歳と高齢の祖母がおり、旅館経営による事業資産はすべて、その祖母名義であった。

「このままでは、土地を保有するI社長の祖母上が亡くなった場合、膨大な相続税が発生します。相続税対策をしたほうがいいですよ。当行でお金を貸しますから、古い旅館は取り壊して、商業ビルに建て替えませんか。駅から5分以内の立地条件ですから、テナント募集をすれば、すぐに満杯になりますよ。家賃収入も地価の上昇にあわせてどんどん上がりますから、返済は家賃収入で賄えば十分です。それよりも、この15億円の借入の負債があれば、相続税7億円の発生を抑えられますよ。いかがですか」

I社長には、誠においしい話であった。

地価の上昇に頭を悩ましていたI社長は、この大手都銀の提案は渡りに船であった。大手都銀が建替え資金全額を融資してくれるうえに、相続税も発生しない。こんなうまい話は二度とないと思うのも当然であったし、誰もが地価はまだまだ上がるだろうと思っていた時代であった。

かくして、都銀からの融資は実行され、I社長の祖母はテナントビルのオーナーとなった。その見返りとして、相続人全員が保証人となり、15億円以上の借金が発生した。I社長も15億円の保証債務を負ってしまった。しかしこのときは、この借入に対し、『金利』という魔物が潜んでいたことは、誰も気がつかなかった。

誤算

しかし、ものごとはそう簡単には運ばないものである。

病弱であった祖母が死の淵から生還し、次第に健康を回復していった。I社長一族は、当面の相続税の心配からは解放されたが、借入金はしっかり残っていた（結果論ではあるが、祖母は92

歳で亡くなるまで、その後10年近く長生きをし、その時点での地価は、借入をしたピーク時の10分の1近くに下落していたから、いまにして思えば、別段借金などしなくても、それほど相続税の負担に悩むことはなかった。あくまで結果論ではあるが……）。

また、1991年頃を境に、バブル経済は崩壊し、それとともに、あれほど上がり続けた地価が下がり始めていった。わが国の経済で地価が下がるという経験は初めてであった。地価上昇神話の崩壊が始まった。

そうなると、当初描いていた「賃料の値上げ↓賃料収入の増加↓返済計画の完成」との構図は、下方修正を余儀なくされた。賃料の値上げの計画どころか、借主からは値下げの申入れが続出した。それだけではない。逆に5％近い金利、年7000万円の支払いと、新たに発生した建物の固定資産税の支払いをしていくと、借入元金の返済は年に3000万円に届くのがやっとだった。これでは15億円を返済するのに、50年近くかかることになる。銀行が高収益で、体力があるうちはそれでもよかった。銀行が倒産するなど、誰も考えたことがなかったからである。

しかし、バブル崩壊は札幌の地価も下落させた。I社長一族に地価の下落が襲いかかってきた。

また、新築ビルでも10年以上もすると水回りやボイラー室の修繕が必要となるが、その額も数千万円と半端な額ではなくなる。

他方、入居テナントからは、地価がこれほど下がっており、家賃を下げてほしいとの申し出が出てきたり、北海道経済の不況の煽りから、満室であったテナントも次第に空室が目立つようになってきた。頼みの家賃収入も、20％近く減少してきた。

こうなると、15億円の借入金の金利を払うことさえも苦しくなってきた。それでも金利だけは払わねばと、賃料収入を金利の返済に優先した結果、今度は固定資産税等の滞納が始まってしまった。肝心なテナントビルの修繕も、満足にできなくなっていった。

弁護士への相談

I社長は、借入金元金の返済額を減額してほしいとお願いに行った。すると、大手都銀は手の平を返したように、毎月の元金の返済額を少なくするどころか、大幅な増額を要求してきた。20～30年で返済完了を目指せば、そのくらいの額になるというのである。この頃から銀行は、『債務償還年数』等の指標を持ち出し、以前のような書換えや転がしによる返済期間の実質先送りをしなくなっていた。金融庁の指導であろう。

I社長は、「地価も相当に下がっており、当初の話と違うではないか」と食い下がるも、当時の担当者はもういない。大手都銀は、「元金返済の増額ができないならば、法的手続きもやむを得ない。当行も不良債権の処理を急ぐように、金融庁から厳しい指導を受けている」と強弁してくる。金融庁の厳しい指導のせいであろうが、この机上の措置は、生身の会社に対しては、死刑判決に等しい措置となっていた。

悩んだI社長は、東京で企業再建をライフワークとして専門に研究している私のことを憶えていて、私の事務所を訪ねてきたのだった。

「I社長、I社長と同じ悩みをもつ方々は、全国に何十万人といるでしょう。東京の原宿や青山、神田といった昔からのお年寄りが住んでいた生家を、地価上昇を理由に相続税対策と銘打って、テナントビルに建て替えさせた後、その返済が滞ると、今度は不良債権の処理と称して、容赦なく早々と競売手続きにかけていった大手都銀を、私はいくつも知っています。競売でお年寄りたちが家を奪われるだけでなく、不足額についても、連帯保証人の息子さんや娘さんたちに回収を迫り、夜逃げや一家離散等、家族みんなが人生の不幸に追いつめられている例は、枚挙にいとまがありません。自殺者が増加したのも、ちょうどこの頃からです。

かといって、相続税の支払いに悩み、銀行側の正常な貸出しに対し、約定違反による期限の利益喪失をもってする、競売手続きを止める手当てもありません。それが現在の法律なのです。その法律を扱うことを生業とするわれわれ弁護士も、理不尽なこととわかっているのですが、どうしようもありません」

I社長は落胆の表情を見せ、

「やっぱり、ビルは取られてしまうのですか。取られてしまうのは仕方がないとしても、そのうえで残った膨大な借金を私たち保証人が負担しなければならないとなると、子どももまだ小さいし、家族のことを考えると、不安で仕方ありません。先生、何とか力を貸してくれませんか」

「お気持ちはよくわかります。銀行もこのビルを担保に取っているということは、このビルの価値をどれくらいと見ているかが重要です。少なくとも、担保価値相当分は回収しないと、背任行為、あるいは株主代表訴訟の対象にされるとの懸念が生じるからです。逆に担保価値を上回る、いわゆる無担保債権部分(不良債権部分)については、相当なる引当金を積み、いずれかの時点で損金処理をするでしょうから、それほど慌てる必要はないでしょう。

ただし、保証人であるI社長のご自宅は、保証人となってしまった以上、あなたが好むと好まざるとにかかわらず、手放さざるを得ませんが、覚悟はできていますか。取られまいとして、名義を誰かに付け替えると、強制執行を免れる行為として、強制執行妨害罪に訴えられかねませんから、名義を変えようなどとはしないでください。家族にとって一番悲しいことは、夫であり、父親であるI社長が警察に捕まってしまうことですよ。交渉の行方の中で、任意売却の方法、価額、時期は決めていきますが、それでも2、3年後に手放さざるを得なくなるかもしれませんよ」

「それは覚悟しています。ただ、このまま何もしないで、銀行の言いなりになるのは、借り入れた当初の経緯が経緯なだけに、とても納得がいきません。おばあちゃんにも、この家で余生を送らせてあげたいと思います。先生の力で、銀行と交渉して、私たちの不満を銀行にわかってもらいたいのです」

「わかりました。I社長がご自宅等を手放すほどの覚悟であるなら、何とか銀行と交渉して、最悪の事態だけは避けられるように努力してみましょう。I社長、繰り返し言いますが、たかがお金の問題で、あなたやあなたの家族の人生を捨てるのだけはやめてくださいね」

こうして、10年以上にわたる私の札幌詣でが始まったのである。

再建計画書の作成

私は早速、ここ10年の札幌市の地価下落の動向、適正賃料を調査するとともに、テナントビルの危険箇所の現場視察、写真撮影、大手建設会社からの修繕見積書の取り寄せ、これらの資料の検証をして、「再建計画書」を作成した。

担保価値の交渉をする際にも、担保物を実際にこの目で見ておくことは重要だ。現場を見ているとでは、説明、説得の言葉（表現方法）の重みが違ってくるからだ（私は、若手の弁護士には、億劫がらずに必ず争点となった現場に行き、写真を撮るように指導している）。

千歳空港の出口では、I社長が出迎えに来てくれていた。件の大手都銀札幌支店へ向かう高速道路の車の中、

「先生のご著書（『こうすればゼッタイ倒産しない会社になる』）は3回ほど読みました。先生も大変なお仕事をされているのですね。みんなが逃げたくなるような厄介な案件を相談できる、先生のような人に頼める私は、本当にラッキーですね」

「いやいや、I社長とは何かの〝縁〟があったのでしょう。人間の出会いって不思議な気がし

ます。出会っていいほうに運命が変わる人、出会ったために悪いほうに運命が行ってしまう人、さまざまです。少なくとも、せっかく本件で私が関与できたのですから、結果はどうであれ、I社長の現在の思いを達成できるようにするのが、私の役割です。とにかくあきらめず、わずか1％の希望しかなくても、それに向かってやれるだけやってみましょうよ」

I社長の顔は、以前、事務所でお会いしたときとは見違えるように元気になり、精悍な顔つきが戻ってきた。これからは自分一人ではない。自分を助けてくれる人、自分の不安を理解してくれる人が、見つかったという安心感は、こんなにも人に勇気を与えるものなのか。

私は決して、大した人物なんかじゃない。むしろ、これまでの再建の仕事でも、人に不幸を与えてきたこともある。こんな私でさえも、多くの人が頼りにしてくれている。この世に生まれ、生きている意味があるのだ。それが私のミッション（使命）なのだろうか。いまさらながら、「弁護士バッジ」の重みを感じざるを得ない一瞬であった。

大手都銀札幌支店との面会

大手都銀札幌支店の若い担当者は、私が弁護士でもあるせいか、さすがにその声からも緊張しているのが手に取るようにわかった。しかも、東京からわざわざ飛行機に乗って、最果ての北の大地にやって来たのである。

しかし、その緊張も、私との会話の中で次第にほぐれていったようである。私の差し出した

会社再建の履歴書に目を通しながら、

「先生はずいぶん、いろいろな会社の再建をなさっているのですね」

「ええ。おわかりのことと存じますが、I社長のところもいよいよ、貴行との返済約定を守ることが困難な状況になってきました。このままでは、手持ち資金も底をつき、あと3か月後には、約定どおりの返済は不可能になってしまいます。

かといって、100年以上かかる返済も望んではおりません。そこで、こういう提案はいかがでしょう。いま、支払っている元利合計は、年間1億円近い返済ですが、そのほとんどが金利への支払いです。金利を2％引き下げていただき、その引下げ額の3000万円ほどを元金への内入れをするという。

ただ、それでも、10億円の返済には30年以上もかかります。他方、本件ビルを先日視察してきましたが、ほとんど修繕がされていません。エアコンも故障して、テナントからクレームがきていますし、ボイラー室に至っては、危険な状態です。貴行の担保価値を高めるためにも、また、今後本件ビルを維持して、収益力を高めるためにも、ビルの大規模修繕は待ったなしです。

つきましては、会社としては『設備投資費用』として年3000万円を使わせてもらいます。残6000万円を返済に回す予定です。そして、この金額全額をまず、借入残元金の方に充当していただきたい。借入金の残りが10億円弱ですから、15年くらいで完済になります。

その後で、滞っていた金利（年2500万円平均として）は、3億円くらい発生している計算になりますが、それも4、5年で返していく。つまり、発生金利は、会社更生法上の「劣後債権」と同様の扱いにしていただければ、本件は20年前後で元金利息の全額完済の絵が描けます。いかがでしょうか。

もちろん、保証人たるI社長の個人資産もすべて処分換金して、貴行の返済に回すことは、I社長に誓約書を書いてもらっています。それ以外にも、主債務者たる祖母の資産もすべて処分しますよ。それだけでも、3億円近くなりますから。返済期間は縮まって、15年前後で終了する計算になります。債権放棄の要請はしなくてすみそうですよ」

大手都銀の若い担当者は、私のこの弁済計画案で、どうなるかわからなかった本件ビルの行く末、将来の見通しが明示されたと評価し、早速上司に提案してくれることになった。私の側で不安げに私の話を聞いていたI社長は、担当の銀行員が、初めは怪しげな表情から、提案終了時には明るい笑顔を浮かべてくれたその変わりように、ずいぶん安心してくれたようだ。

「先生、せっかく北海道まで来てくれたのですから、おいしい魚でも食べに行きましょう。いまのこの時期は、イカがおいしいですよ。カニは好きですか。いくらの醤油漬けもおいしいですよ。生ビールも一杯いきましょう」

このときを境に、I社長は私に対する信頼が増していくとともに、そして、亡き娘の件で私の懺悔を聞き、男として、父親として、涙を見せられない弱き私のかけがえのないソウルメイト（魂の友人）にもなってくれていた。

上空2万6000フィートの空の旅人

1か月後、私は件の大手都銀の担当者に会いに、再び北海道に飛んだ。

途中、雲海を見ていたら、娘との北海道への空の旅を思い出し、なんだかとても悲しくなって、涙があふれてきた。

娘の中学入学のお祝いに、I社長のお誘いで、家族6人で夏の北海道旅行をしたことがあった。「お腹がすいた」と言って、「味の時計台」のラーメンを子どもたちがふうふうとおいしそうにほお張っていたのを、I社長はほほえましく見ていてくれた。

小樽のオルゴール堂がとても印象深かったと思い出を語ってくれた娘との旅行は、いまはもうできない。家族6人がそろうことはもうない。そんな記憶の回想のとき、とても偶然ではあるが、あのオルゴールのメロディーがイヤホンを通じて流れてきた。同時にとてもうれしそうな娘の顔が頭に浮かんできて、涙が止まらなくなってしまった。

目に涙をためて、窓の外の雲海を見ていた私を見定めて、そっとおしぼりを渡してくれたJALの客室乗務員さんがいた。どんな風に私が彼女の目に映ったのかはわからないが、「ありがとう」と軽く会釈して、私はそのおしぼりで顔をぬぐい、飛行機の窓から見える白き雲の峰々に、少しでも天に近づいている心地よさを感じ、私も少しずつ心の平穏を取り戻していた。

いまでは白い雲のコートの上から、愛用のテニスラケットを握り、私に向かって手を振っている娘の姿が見えるような気がしている。「お父さん、頑張って！　ファイト！」。私は、亡き娘とのそんな上空2万6000フィートの雲の上での会話が楽しみな空の旅人である（本項を加筆修正している頃、JALが会社更生法を申し立てた。頑張れ、JAL！）。

銀行員の温情

「先生の提案をいま、検討しておりますが、前回、本件ビル以外の保証人らの資産の処分で計3億円ほど返済できるとのお話でしたね」

「はい。I社長のご自宅や貸しアパート等で1億円、洞爺湖の保養所で2億円です」

「いま、当行では、それらの資産処分の目処と金額の妥当性を調査しているところです。また、毎月の返済額を元利含めて計400万円（年5000万円）に減額してほしいとの要請ですが、いまの段階で、はい、わかりました、というわけにはいきません。ただし、I社長の資金繰りが厳しくて、一方的にI社長側から400万円振り込まれるのは構いませんが、当行として、受け取るわけにはいきません」

この会話からは、「資産処分までの当面、やむを得なければ、ムリをする必要はありませんよ。支払える額を支払ってくれればいいですよ。自ら潰れることをしないでくださいね」との心の声が聞き取れた。

そこで、私が用意した土地調査表（写真添付）を提出し、現在の資産状態を説明した。真っ先に社長の自宅と貸しアパートを第三者に処分し、引越しの日時をI社長のお子さんの学校の関係で来年卒業後の4月に予定している旨、説明した。

北海道の桜の花はまだつぼみであったが、翌4月、予定どおり、I社長は自宅を売却して、ご家族と一緒に引越しをして出て行った。

この潔さこそが、これから説明するフォローの風を吹かす原動力となったと言っても過言ではない。

当初は、I社長の自宅処分の申入れについて、半信半疑であった担当者も、1年経ったこの4月の引越しの報を告げられると、本腰を入れて、本件を検討し始めてくれた。これまでの1年間の間に弁済してきた計5000万円のお金も、引き落とされずに預金口座にプールしたままであったが、いよいよ大手都銀も全額元金内入れ方式に切り換える方針を決定してくれた。

このことは、本件ビルへの貸出債権を『不良債権（破綻懸念先）』に分類したことになる。金融庁の厳しい調査により、本件のような滞留債権をいつまでも正常債権扱いとしてカウントできなくなった銀行側の事情からであろう。現にこの年から、各大手都銀は不良債権の厳格調査により、大幅な不良債権を有していることを新聞、マスコミを通じて世間に公表していったのである。

この不良債権化してくれたことも、実は、本件ビルを守るフォローの風となっていったのである。

湖畔に火山灰が降る

3年が経った。I社長が弱り切った声で電話をかけてきた。

大手都銀に買い手を探してもらっていた洞爺湖の保養所が、火山の噴火により、灰をかぶり、地震もあり、とても売却できるような地域ではなくなったというのである。この保養所の処分で、2億円の返済を予定していただけに、これが売れないと、返済期間、返済額に大きな狂いが生じてしまう。I社長の弱々しい電話の声からは、落胆している心が伝わってきた。

しかし、一番落胆しているのは、大手都銀の担当者であろう。

この売却が遅々として進まない。現地を見に行くも、冬は雪に覆われて、春まで待たないと、売却時の測量や境界の確認もできない状態だ。やがてI社長の札幌ビルの案件は、札幌支店から東京の本店管理部に移された。雲行きが怪しくなっていった。

数か月後、本店より2名の調査役が私の事務所を訪問してきた。

「先生、いよいよ当行も不良債権の処理を急がねばなりません。このまま20年も返済を待つことができなくなってきました。金融庁からは、不良債権の処理を向こう3年以内に終えろと強く指導を受けています。

したがって、本件ビルの競売による一括弁済も視野に入れざるを得ません。当行としては、競売では全額の返済が困難であることは理解していますが、なにせ不良債権の処理を急がされています。先生のほうでも、任意売却という選択肢は考えられませんか？」

私は言下に否定した。

「このビルは、I社長の先祖代々の土地の上に建っています。そして、祖母が住居として1室を利用しています。彼女は90歳近くでもあり、正直言って、そう長く生きられないと思っています。あと数年くらいはこのビルを残し、このビルから天国に行かしてあげたいのです。それが、この場所で生まれ育った彼女の一生に報いることだからです。彼女の亡くなった後ならば、I社長もビル売却を考えてもいいと私に話してくれています」

不良債権の処理を急げと号令をかけていることは、会社に余裕を与えずに潰せと言っているに等しい。しかし、対象たる会社には、赤い血の通った人間たちがいる。

管理部の方々にも母親はいるであろう。猫の子をつまんで捨てるような非情の気持ちだけは、人間としてもってほしくない。そう願った。

そして、ビルの任意売却も視野に入れて、再建計画を見直すことも約束した。

2か月後、私の思いが伝わった。管理部の方々も人の親であった。

ビルは競売の方向ではなく、債権そのものを『オフバランス化』する方向で、不良債権の処理を検討してくれることになった。

第二のフォローの風が吹いた。

RCCへの譲渡

ちょうどその頃、I社長から連絡が入った。

「先生、例のダメだと思ったあの洞爺湖の保養所、なんと北海道庁から、災害防災地域に指定されましたよ！」

「えっ?!」

「道庁のほうで買い取ってくれることになりました。金額も私たちが予定した金額よりも、はるかに高い金額です。これで、金融機関への約束は果せそうです」

最後まで粘ったかいがあった。金融機関には、これまでも資産はすべて開示し、売却できるものはすべて適正な価格で売却して、債務者としての誠意を示してきた。早速、北海道庁からの土地収用に関する通達書を、大手都銀の審査部長に送付した。審査部長からも、

「債務者たるI社長の誠意は十分に伝わっています。これで、先生が約束された本件ビルを除く保証債務の履行も遊休資産の処分も、すべて完了できました。私たちも競売手続きでなく、当該債権を再生案件として、RCC（整理回収機構）に譲渡したいと思います。RCCには、これまでのI社長の誠意ある返済対応を十分に伝えておきます。再生の見通しについても説明しておきます。I社長に、くれぐれもRCCに譲渡したからといって心配しないように、先生からもお伝えください」

かくして、本件ビルの担保債権者は、大手都銀から『ＲＣＣ』へ移行していった。

札幌市内のＲＣＣの事務所は、旧北海道拓殖銀行本店のビル内にあった。

歴史を感じさせる、風格ある造りであった。大きな柱、高い天井、地震が来てもビクともしない造りとその歴史の声に、Ｉ社長とともに感心して、広いロビーの受付で待っていた。

ほどなく、ＲＣＣの担当者が迎えに来てくれた。名刺交換の後、これまでのＩ社長の債務者としての誠意と弁済継続を説明し、今後も15年から20年で弁済を完了したい旨説明した。すると、

「お話は、大手都銀の審査部長から聞いています。よくこれまで頑張ってこられましたね。当社としましても、誠意をもって弁済に尽力していただいている債務者に対しては、できる限り相談に乗るようにしていますから、今後とも宜しくお願いします」

と、物腰の低い、それでいて温かみのある言葉がかけられ、ＲＣＣ送りに対するＩ社長の不安を払拭するのに十分であった。

〝台風〟それは天からの啓示

その後1年以上、堅実に、そして着実に、ＲＣＣに返済を続けていった。

しかし、何年かぶりで北海道を直撃した大型台風のため、本件ビルの屋上の看板が破損し、

吹き飛んで落下してしまった。幸い、ケガ人はなく助かったが、心臓部たるボイラー室にも水が入り、いよいよ大型修繕をしないと、電気系統がアウトという非常事態が起こった。

すぐにRCCの担当者に連絡し、「台風の被害が予想以上に激しい。幸い、人命に関わることはなかったが、その他の設備については、すぐに処置をしなければ、人命に関わるかもしれない。ついては、毎月の返済金の分について、3か月分ほどを応急処置費用に使用するので、その間、返済が滞るが、そういう事情を理解してほしい」旨、連絡を入れた。

RCCの担当者からは、「大きな事故に至らなくてよかったですね。本件ビルの事故が生じて、借主たちに万一、人身事故でも生じたら大変です。設備修繕、ぜひやってください」と、快く了解したとの連絡をいただき、担当者のその懐の深さに頭が下がる思いであった。かのRCCにも、かくも良き人材が多数いると感じた瞬間であった。

ただ、このように、老朽化したビルについては、これからますます修繕費等の維持管理費用がかかる。人間の体と同じように、年をとり、老人になれば、体のあちこちが痛むのと同じだ。この台風は、本件ビルを手放したほうがよいとの天からの啓示なのかもしれない。

そろそろ、本件ビル再建計画の出口スキームを考える時期に来たようだ。これまでの10年という歳月が、各債権者との信頼の絆を強くした歳月であるなら、いよいよ再生の完成たる出口資金（exit finance）を使うのは、この時機をおいて他にない。台風による被害は、ある意味では絶好のタイミングでもあった。

私は、かねてから友好的で、機動力のあるCサービサーと秘密保持契約を締結し、これまでの事情とI社長の誠意ある返済実行経緯を話し、なんとかI社長を助けるため、力を貸してほしいと頼んだ。早速、Cサービサーの若き担当者らが北海道に飛び、RCCと話をしてくれた。I社長一族救済のシナリオが完成した。

数か月後、RCCは、本件ビルに対する債権をCサービサーに譲渡した。これで、exit finance は完成した。最後の再生の絵も完成した。

I社長の人生

現在、I社長は、その英語力と体力を生かし、従来より経営していた旅行代理店を通じて、オセアニア地方を中心に世界中を飛び回っている。

その娘さんも、病気で困っている方々を救いたいと「薬剤師」の道を歩んでいる。

I社長は、いったんはその家を手放し、長年過ごした家を出て行かざるを得なかった。しかし、その彼の潔さが、本件に関わる多くの債権者の心を動かし、天までも味方につけた。I社長の家族の絆は、この件でますます強まっていった。

人間にとり、一番守りたいものは『家族』であろう。I社長はその『家族』を守り切った。本件は、窮地に追い込まれる度に、そのつど、不思議といくつものフォローの風が吹いてきて、そのマイナス面以上のプラスのできごとが追いかけてきて、私たちを助けてくれていた。

I社長は、私自身が、消えてなくなりたい、天国に行って、娘を探したいと思ったときに、不思議と私の側にいてくれ、じっと見守ってくれ、その苦しみを共有してくれた友人の一人でもある。

酒を飲み、人生はなんて不公平、不条理なのだ、人生は苦しい涙の中に、ほんの数パーセントの楽しみがあるから生きていけるのに、その数パーセントの子どもの成長という楽しみすら奪われた親として、これからどうやって生きていったらいいのだろうか。生きていく力などどこにあろうか。

つかみかからんばかりにその苦しみの言葉をぶち当てたのに、じっと黙って泣いてくれたのもI社長であった。私こそ、I社長に救われたのかもしれない。

I社長は、現在も大きな心で、大好きな北海道の大地の恵みたる生ビールを食事代わりにガブガブと飲んで、サウナで汗を流して、元気に過ごしている。最近は農業に従事し、農学校に通っているという。休みの日には大好きな「土」と会話している。

「お父さん、よかったね。私も私なりに応援したんだよ。風が吹いたの、わかった?」

「ああ、わかったよ。ありがとう……」

北海道からの帰りの飛行機の白き雲の舞台の上から、そんな言葉が聞こえたような気がしてならないできごとだった。

最後に、I社長の負担していた本件ビルの借金とご家族の連帯保証債務は、Cサービサーの放棄によってすべてなくなり、借金という人生を蝕む鎖から完全に解放されたことを報告して、読者の方に勇気と希望を与えられれば幸いである。

人生のリセットは、あなたの決断にかかっているのです。**つらいことがあってもあきらめずに、誠実なる対応を心がけて**ください。**そうすれば、あなたにもきっと、あの青い空からフォローの風が吹きますよ。**

私も亡き娘との約束を果すために、次のミッションに向かって、一歩ずつ前に進んでいます。

そう、娘との会話を楽しむために。

◉おわりに

イギリスはシェークスピアの有名な戯曲「ヴェニスの商人」の名場面に、お金を返せなくなった商人アントーニオに対し、ユダヤ人の金貸しシャイロックは法の裁きを訴える。

女性裁判官ポーシャがユダヤ人の金貸しシャイロックに対し、『慈悲』の心を見せるように促すが、シャイロックは「契約」（法）を盾に取り、応じようとしない。

そこでポーシャは、「たしかに、証文には、借主の商人アントーニオの身体の肉1ポンドを差し出すとある。契約であるから、商人アントーニオの肉1ポンドを切り取るがよい」と判決を下す。

喜んで肉を切り取ろうとするシャイロックに対し、ポーシャは続けて言う。

「ただし、証文には、肉1ポンドとは書いてあるが、ブラッド（血）まで差し出すとは書いていない。万一、血を流したら、契約違反として全財産を没収する」

そして、ユダヤ人の金貸しシャイロックは、商人アントーニオの命を奪おうとした罪で財産を没収される。

会社再建の現場で、返済を迫る債権者に対し、私がポーシャなら、こう言うだろう。

「貸主である債権者には、慈悲の心を見せてほしい。しかし、それが受け入れられないなら、貸主である債権者は契約書どおり、貸金の返還を求めるがよい。ただし、契約書には、借主の心を、体を壊す、命を差し出すとは書かれていない。**借主その家族の人生を追いつめて、**その心を壊し、最悪の場合、**生きることを断念させるように追いつめてまで貸金の回収に走るのは、**傷害罪、強要罪に等しく、まさに**『人の道に反する』という罪に値する**だろう」と。

利害の対立が顕著となる会社再建の現場こそ、再建という一つの目標に向かう「善と慈悲の心」が幸せな結末をもたらすのである。

力の強い者が力の弱い者を助ける（慈悲）のは当然であり、それが「人の道」であろう。貸主たる債権者も、**債権者である前に「人」である。**金貸しシャイロックになってはいけない。

さて、借主たる経営者はたしかに、いまが不安で嵐の真っ暗闇の中にいる。しかし、**経営者は、**いまこそ「決断」のときである。**もう逃げるのはやめようじゃないか！** 勇気を出せ！いま出さなくて、いつ出すんだ！ **そして、希望を捨てるな！** とにかく生きよ！ 生きて、生きて、**生き抜け！** 必ずいまの嵐はおさまる。光が見えるときが必ず来る。**生きていさえすれば、必ずやその時を生きのびたことに、感謝する**だろう。絶望の中にも希望の灯がともることを、**私はこの身をもって体験したから言える**のだ。本書がその一助となれば本望である。

私はこれからも、北は北海道から南は沖縄まで、全国津々浦々で、会社再建の現場に立つとともに、その必要性と救済の方法を講演して回ることだろう。
本書を道半ばにして亡くなっていった経営者の方々、そして、いつも天から風を起こして応援してくれる亡き娘、麻衣に捧ぐ。

2010年11月18日

村松　謙一

著者紹介

弁護士．1954年静岡県生まれ．慶應義塾大学法学部卒業．1981年司法研修所入所（35期）．1983年東京弁護士会登録，清水直法律事務所入所．1990年村松謙一法律事務所開設．2000年光麗法律事務所に改名．2003年東京弁護士会倒産法部部長．法務省「倒産犯罪研究会」講師，参議院「財政金融委員会」参考人，全国倒産処理弁護士ネットワーク講師等を務め，2007年と2009年にＮＨＫ「プロフェッショナル　仕事の流儀」出演が大きな反響を呼ぶ．講演等多数．

関わった主な「再建型」の法的事件に，鈴屋，カネテツデリカフーズ，長崎屋，佐藤工業，多田建設，月光荘，石岡カントリー倶楽部，落合楼，東京佐川急便などがある．その他，病院等「私的再建型」案件を多数手がける．

著書に，『倒産阻止－再建弁護士の会社救済ファイル－』（東洋経済新報社），『貸し渋り対策マニュアル』（インデックス・コミュニケーションズ），『入門 新会社更生法』（共著，ぎょうせい），『倒産の淵から蘇った会社達－会社救済の現場から－』（新日本出版社），『プロフェッショナル　仕事の流儀13』（共著，ＮＨＫ出版）など多数。

また，『日本経済新聞』紙上にて「ビジネスマンの法律講座」（1997～2000年），「弁護士余録」（2002～05年）を連載執筆。1999年より『日刊帝国ニュース』（帝国データバンク発行）紙上にて，「弁護士ウォッチング／体験的会社救済の手順」（～2004年），「熱血弁護士が駆ける！／弁護士 村松謙一の体験的企業再建」（2005年～）を連載中．

魂の会社再建

2010年12月２日　発行

著　者　村《むら》松《まつ》謙《けん》一《いち》
発行者　柴生田晴四

〒103-8345
発行所　東京都中央区日本橋本石町１-２-１　東洋経済新報社
電話　東洋経済コールセンター03(5605)7021

印刷・製本　廣済堂

Printed in Japan　ISBN 978-4-492-55676-4　http://www.toyokeizai.net/